Aman Ullah

Fiabilidade do software em sistemas críticos de segurança

Aman Ullah

Fiabilidade do software em sistemas críticos de segurança

ScienciaScripts

Imprint

Any brand names and product names mentioned in this book are subject to trademark, brand or patent protection and are trademarks or registered trademarks of their respective holders. The use of brand names, product names, common names, trade names, product descriptions etc. even without a particular marking in this work is in no way to be construed to mean that such names may be regarded as unrestricted in respect of trademark and brand protection legislation and could thus be used by anyone.

Cover image: www.ingimage.com

This book is a translation from the original published under ISBN 978-3-659-92202-2.

Publisher:
Sciencia Scripts
is a trademark of
Dodo Books Indian Ocean Ltd. and OmniScriptum S.R.L publishing group

120 High Road, East Finchley, London, N2 9ED, United Kingdom
Str. Armeneasca 28/1, office 1, Chisinau MD-2012, Republic of Moldova, Europe
Managing Directors: Ieva Konstantinova, Victoria Ursu
info@omniscriptum.com

Printed at: see last page
ISBN: 978-620-0-94521-1

Índice

Resumo

A engenharia de fiabilidade do software em sistemas críticos de segurança centra-se em técnicas de engenharia de software que permitem o desenvolvimento de sistemas cuja fiabilidade pode ser avaliada através de métodos quantitativos. A falha deve ser medida adequadamente por vários métodos durante as fases de desenvolvimento e operação de sistemas críticos de segurança, para que a fiabilidade desses sistemas possa ser calculada. Por conseguinte, são necessários modelos de fiabilidade do software mais realistas para avaliar os processos de falha do software, com vista a uma análise e previsão precisas da fiabilidade. A fiabilidade do software em sistemas críticos de segurança tem sido um tema de investigação ativo desde há 20 anos. Continuam a existir desafios e questões relacionadas com a modelação da fiabilidade do software, os testes de fiabilidade do software, as técnicas de análise da fiabilidade do software e a tolerância a falhas em sistemas críticos de segurança. Por conseguinte, os objectivos futuros incluem a melhoria dos modelos de fiabilidade do software que contêm a arquitetura de sistemas críticos de segurança, técnicas de teste da fiabilidade do software e mecanismos de falha do software. Nesta tese, analisei criticamente as técnicas de tolerância a falhas do software, a modelação da fiabilidade do software, as técnicas de análise da fiabilidade do software e as técnicas de ensaio do software. Centrei-me nas tendências actuais em matéria de fiabilidade e nos problemas existentes nos sistemas críticos de segurança. Além disso, apresentei potenciais direcções de investigação futura em engenharia de fiabilidade do software para o desenvolvimento de sistemas críticos de segurança. Por último, propus orientações para melhorar a fiabilidade do software em sistemas críticos de segurança.

Capítulo 1 - Introdução aos sistemas críticos de segurança

1.1 - O que é um sistema de segurança crítico?

Em elon NASA (2006, P.19), "o software que controla (ativa, desactiva, etc.) funções que, se executadas ou impedidas de ocorrer, podem resultar em ferimentos ou danos no equipamento é software crítico para a segurança".

1.2 - O que é a fiabilidade do software?

De acordo com a NASA (2006, p.18), "a fiabilidade é a probabilidade de um componente ou sistema funcionar corretamente durante um determinado período, sob um determinado conjunto de condições de funcionamento. Nesta definição, o funcionamento correto significa o funcionamento tal como definido nas suas especificações e assume-se que o sistema está a funcionar corretamente no início do período em questão e que não é efectuada qualquer manutenção durante esse período".

1.3 - O que é um erro?

De acordo com a norma de fiabilidade do software do IEEE, IEEE (2008, p.3), "um erro é uma inconsistência entre o valor ou a condição calculada e o valor ou a condição declarada exacta". Um erro pode assumir duas formas: oculto ou detectado. Um erro é latente quando não é identificado. Um algoritmo de deteção de erros é utilizado para detetar um erro. Um erro pode desaparecer antes de ser detectado. Um erro pode propagar outros erros.

1.4 - O que é o fracasso?

De acordo com a Norma de Fiabilidade do Software do IEEE, IEEE (2008, p.4) "A incapacidade de um sistema ou de um componente do sistema para executar uma função necessária dentro dos limites especificados.

(B) A cessação da capacidade de uma unidade funcional para desempenhar a sua função requerida.

(C) Uma discrepância entre o funcionamento do programa e os seus requisitos". Uma falha ocorre se um erro não for detectado pela interface do utilizador e tiver um efeito sobre os serviços prestados pelo sistema.

1.5 - O que é uma falha?

De acordo com a Norma de Fiabilidade de Software do IEEE (2008, p.4), "Um defeito no código que pode ser a causa de uma ou mais falhas. (B) Uma condição acidental que faz com que uma unidade funcional não execute a sua função requerida. Uma falha é sinónimo de um erro. Uma falha é um erro que deve ser corrigido através de uma alteração na conceção do software. "O processo de tolerância a falhas compreende quatro fases: prevenção de falhas, eliminação de falhas, tolerância a falhas e previsão de falhas. A prevenção de falhas centra-se na forma de evitar falhas em sistemas críticos. A eliminação de falhas tem como objetivo reduzir o número de falhas no sistema. A tolerância às falhas revela como o sistema crítico pode funcionar corretamente na presença de falhas. A previsão de falhas envolve a estimativa do número atual de falhas, a frequência futura de falhas e o seu resultado.

1.6 - O que é o perigo?

De acordo com a NASA (2006, p.17), "um perigo é a presença de uma situação potencialmente arriscada que pode causar ou contribuir para um acidente". Cada perigo deve ter pelo menos uma causa ou razão que conduza a um determinado número de efeitos, tais como doenças, danos, etc. Um defeito ou falha é a causa de um perigo.

1.7 - O que é tolerância a falhas?

T a tolerância a falhas é a capacidade de um sistema sobreviver a um incidente indesejável e manter um estado seguro e fiável. De acordo com a NASA (2006, p.21), são essenciais dois níveis de tolerância a falhas para atingir níveis de risco. Os riscos catastróficos devem ser capazes de suportar duas falhas de controlo de risco e os riscos críticos devem ser capazes de suportar um único fluxo de controlo de risco.

1.8 - Aplicação da fiabilidade do software em sistemas críticos de segurança.

Nos sistemas críticos de segurança, a fiabilidade do software tem as seguintes vantagens para a avaliação dos riscos de fiabilidade do software associados aos sistemas críticos de segurança. Além disso, pode ser utilizada para determinar se um processo anterior produziria software fiável que garantisse uma determinada reivindicação de fiabilidade de software para sistemas críticos de segurança. Nos sistemas críticos de segurança, pode ser utilizado para melhorar os processos de conceção, desenvolvimento, avaliação e verificação do software, os procedimentos de avaliação da fiabilidade do software, os procedimentos de recolha de dados e o cálculo da probabilidade da próxima falha do sistema.

Capítulo 2 - Tolerância a falhas de software

2.1 - Classes de erros, falhas e defeitos

Lyu (1995, p.54) descreve as categorias de falhas, faltas e erros que podem ocorrer em sistemas críticos de segurança descritos na Figura 1.

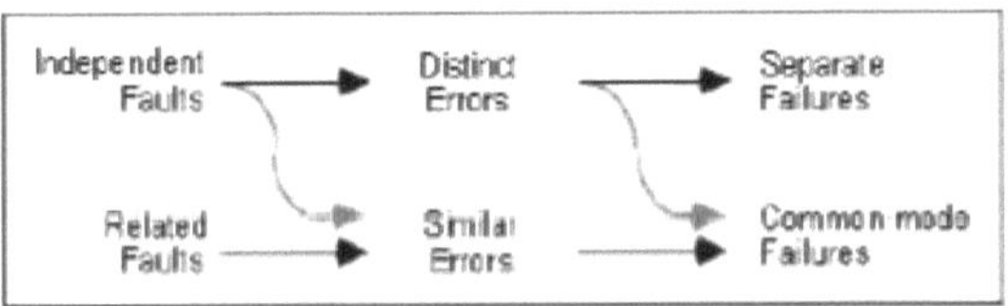

Figura 2.1: categorias de defeitos, falhas e erros (Lyu 1995, p.54)

As falhas relacionadas ocorrem devido a uma especificação de falha que é comum a todas as variantes. Podem dever-se a dependências em concepções e implementações distintas. As falhas relacionadas podem dar origem a erros semelhantes. Normalmente, as falhas independentes produzem erros distintos que podem levar a erros semelhantes que resultam em falhas de modo comum. Erros separados produzem falhas separadas.

2.2 - Os objectivos das técnicas de tolerância a falhas de software

Nos sistemas críticos de segurança, as técnicas de tolerância a falhas podem ser divididas em duas categorias: técnicas de software de versão única e técnicas de software de versão múltipla. As técnicas de versão única melhoram a tolerância a falhas de um único módulo, utilizando mecanismos adicionais na conceção, deteção, contenção e tratamento de erros. As caraterísticas importantes destas técnicas são a modularidade, a atomicidade das acções, o encerramento do sistema e o tratamento de excepções. A tolerância a falhas multiversão executa duas ou mais versões de um único software em paralelo ou em sequência. A atomicidade das acções, o encerramento do sistema, a modularidade e o tratamento de excepções são necessários em cada versão. As técnicas de tolerância a falhas mais utilizadas no software multiversão são a programação em N versões, os blocos de recuperação e a programação em N auto-verificações.

Em sistemas críticos para a segurança, o objetivo das técnicas de tolerância a falhas de software deve ser permitir que um sistema tolere falhas que ocorram no sistema quando este é colocado em serviço após o lançamento. As técnicas de tolerância a falhas do software podem ser empregues durante a aquisição ou o desenvolvimento do software. Em caso de falha, estas técnicas devem fornecer um mecanismo para garantir que o sistema não falhará devido a qualquer falha. Garantem que o sistema funcionará normalmente apesar das falhas. Em caso de falha, as técnicas de tolerância a falhas devem impedir que o sistema cause danos, traduzindo os requisitos e os algoritmos em linguagem de programação. Mas não devem fornecer proteção contra estas falhas através da especificação dos requisitos.

Um sistema de tolerância a falhas deve ser capaz de tolerar falhas no sistema. Além disso, deve ser capaz de lidar com erros nos programas de aplicação.

2.3 - A necessidade de software informático tolerante a falhas

De acordo com Pant e Joshi (2007, p.1-1), a necessidade de tolerância a falhas pode ser utilizada em sistemas críticos de segurança de várias formas. Para a maioria das aplicações críticas de segurança, os sistemas de software tolerantes a falhas podem prever futuras ameaças que o sistema pode enfrentar. A tolerância a falhas de software significa, de facto, o estudo de falhas e defeitos.

Nos sistemas críticos para a segurança, o comportamento das falhas é um bom ponto de partida para uma investigação mais aprofundada sobre a forma de travar a sua propagação em aplicações críticas para a segurança. Nesta fase, o software tolerante a falhas é a única forma de garantir um nível mais elevado de fiabilidade para o software crítico para a segurança. Garante que apenas uma unidade será perturbada em caso de falha e que as outras unidades continuarão as suas funções normais. O sistema crítico de segurança deve continuar a funcionar em caso de falha. Ele deve minimizar os danos causados pela falha. O módulo defeituoso deve ser substituído ou reparado rapidamente.

2.4 - Blocos de recuperação

No seu artigo, Sha (2001, p.22) descreve-o como um dos primeiros sistemas de software tolerante a falhas que combina os fundamentos das abordagens de reinício e de ponto de controlo e que ainda hoje é utilizado. Utiliza várias versões de um componente de software. Cada vez que é tentada uma versão diferente do componente, é detectado um erro. A Figura 1 ilustra o modelo de blocos de recuperação.

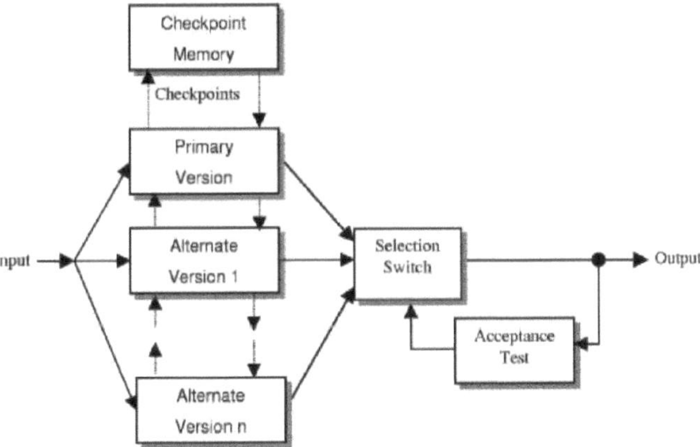

Figura 2.2: Modelo de blocos de recuperação (Torres 2000, p.18)

Os pontos de controlo são criados antes de uma versão ser executada. O processo começa quando a saída do primeiro módulo é testada para ver se o segundo módulo aceita essa saída. Se o teste de aceitação mostrar que a saída do primeiro módulo não é adequada para aceitação, o sistema é restaurado ou regressa ao estado anterior à execução do primeiro módulo. Em seguida, executa o segundo módulo e determina a sua saída. O sistema falha se todos os módulos forem executados e nenhum deles produzir resultados aceitáveis. Portanto, o segundo módulo será executado com sucesso se, e somente se, os resultados do primeiro módulo forem aceitáveis. O teste de aceitação não precisa de ser um teste apenas de saída e pode ser implementado por diferentes controlos integrados para aumentar a eficácia da deteção de erros. As versões múltiplas são executadas sequencialmente ou em paralelo. Um problema potencial das técnicas de blocos de recuperação é a fiabilidade desse teste de aceitação quando não há necessidade de desenvolver várias versões do software. O teste de aceitação deve ser simples e deve ser fácil de manter a velocidade e ajudar a precisão.

2.5 - Programação da versão N

No seu artigo, Bharathi (2003, p.174) escreve que a programação em N-versões é uma técnica multi-versões que propõe a execução paralela de todas as versões funcionalmente equivalentes que satisfazem os mesmos requisitos. A saída correta é selecionada com base numa comparação de todas as saídas e só a melhor saída é selecionada, caso exista. A Figura 2.3 ilustra este processo.

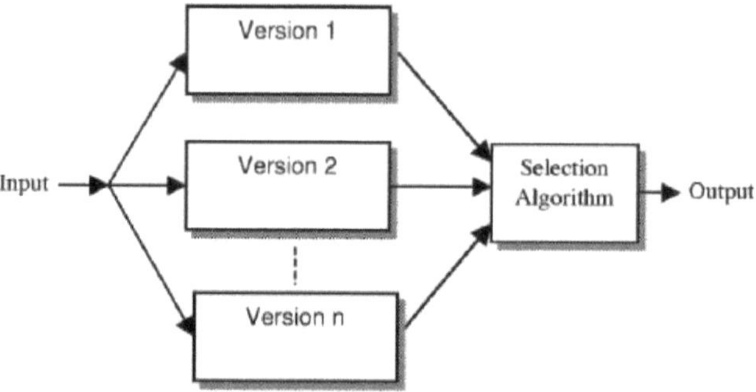

Figura 2.3: Modelo de programação N-Version (Torress 200, p.19)

A programação em N-versões ou multi-versões baseia-se na programação N-modular. redundância, também conhecida por redundância estática, que é utilizada na abordagem de tolerância a falhas do hardware. Existem muitas versões da arquitetura acima referida para sistemas críticos de segurança. Esta abordagem também é utilizada para depurar versões durante os testes, conhecidos como testes back-to-back. Nos sistemas críticos de segurança, a votação por mediana e a votação por consenso podem ser boas alternativas à votação por maioria.

As N-versões geram resultados para um adjudicador, normalmente designado por votante, que é um algoritmo genérico utilizado para selecionar o melhor resultado. O votante recebe todas as N saídas do módulo como entrada e decide qual a saída correta, ou a melhor saída, se existir. Quando o votante determina todas as saídas do módulo, nenhum serviço é interrompido. Durante muitos anos, a abordagem de tolerância a falhas de N versões baseada em votação foi estudada por muitos investigadores, não só em termos teóricos mas também práticos. Em sistemas críticos para a segurança, esta técnica oferece diversidade de conceção que garante uma baixa probabilidade de falha do programa. A execução de duas versões separadas e independentes requer menos tempo de verificação e validação. Além disso, o sistema crítico de segurança não entra em colapso em caso de falha, uma vez que a segunda versão fornece a funcionalidade necessária. Quando utilizada em sistemas críticos para a segurança, a técnica das N-versões deve ser utilizada corretamente e a sua análise deve descrever os efeitos de erros independentes. O desenvolvimento da programação em N versões exigiria um grande esforço, uma vez que todas as versões cumprem os mesmos requisitos. Estas versões teriam de ser desenvolvidas através da diversidade de conceção, em que sistemas produzem o mesmo resultado através de funções diferentes. A complexidade desta técnica é tão grande como a da construção de uma única versão. No caso dos sistemas críticos para a segurança, o algoritmo deve descobrir entradas incorrectas e parar os maus valores na saída principal. Apenas os valores corretos devem ser enviados. O algoritmo deve ser desenvolvido tendo em conta os atributos da aplicação de segurança crítica, como a fiabilidade ( ). Os resultados devem ser corretos com uma probabilidade elevada, a fim de aumentar a fiabilidade. Do meu ponto de vista, as N-versões permitem-nos testar o mesmo problema comparando os seus resultados para a mesma entrada. Isto permitir-nos-á descobrir falhas no sistema crítico de segurança, avaliando as variáveis intermédias que identificam as falhas. Por outro lado, estas variáveis limitam o programador, reduzindo a diversidade do programa. O custo do desenvolvimento de N versões é um problema importante no desenvolvimento de sistemas críticos de segurança. Todas as versões podem ter especificações comuns. Neste caso, é preferível desenvolver um único conjunto de especificações. Consequentemente, o custo pode ser controlado analisando cuidadosamente a parte mais crítica do código. Além disso, devem ser desenvolvidas N versões para as partes mais críticas do código. O orçamento e o tempo de desenvolvimento do projeto são muito importantes no desenvolvimento de sistemas críticos para a segurança. Por conseguinte, são possíveis duas opções: ou deve ser desenvolvida uma única versão para garantir a funcionalidade completa, ou podem ser previstas várias versões. O problema destas opções é que a modelização da fiabilidade não é suficientemente avançada para calcular qual a opção que ofereceria a melhor funcionalidade.

2.6 - N Auto-teste de programação

De acordo com o tutorial de tolerância a falhas da NASA, Torress (2000, p.19) afirma que a programação N-Self-Checking utiliza múltiplas versões de software que são efctivamente baseadas em alterações estruturais dos blocos de recuperação e da programação N-Versions. A Figura 2.4 ilustra a programação N-Self-Checking utilizando um teste de aceitação. A programação de autocontrolo está implementada no Airbus A310.

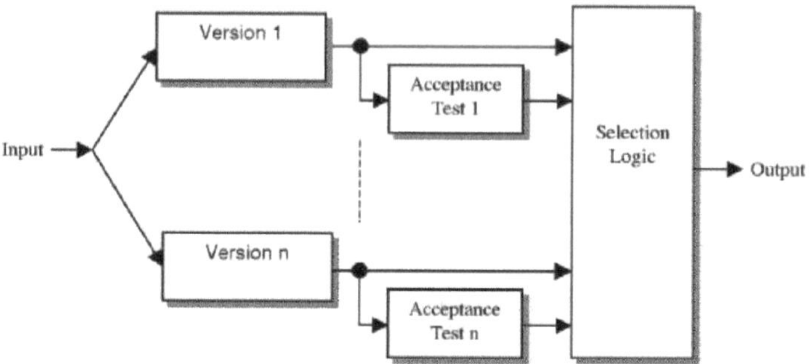

Figura 2.4: Programação de autocontrolo através de testes de aceitação (Torres 2000, p.19)

Nos sistemas críticos para a segurança, as versões e os testes de aceitação devem basear-se em requisitos comuns. Deve ser utilizado um teste de aceitação separado para cada versão, o que diferencia esta abordagem da abordagem de blocos sobrepostos. Como mostrado na Figura 2.4, cada versão tem um teste de aceitação diferente. As versões e os seus testes correspondentes podem ser executados sequencialmente ou em paralelo, mas o resultado da versão que passa no seu teste de aceitação é tido em conta. Os pontos de controlo devem ser utilizados na execução sequencial, enquanto os algoritmos de consistência de entrada e de estado são utilizados na execução paralela. Nesta programação, N módulos são executados em pares.

2.7 - Excepções

Koren & Krishna(2006,p.176) escrevem no seu livro sobre sistemas tolerantes a falhas que as excepções são acontecimentos invulgares, erros, condições ou respostas anormais que ocorrem inesperadamente durante a execução. Os sistemas críticos para a segurança podem falhar se as excepções não forem tratadas corretamente. As excepções são uma das principais causas de dois terços das falhas de sistemas e de cinquenta por cento dos sistemas informáticos susceptíveis de violações de segurança. Nos últimos dez anos, o tratamento deficiente das excepções tem causado muitos acidentes. No seu artigo, Hecht (2008, p.191) apresenta pormenores de acidentes de grandes dimensões causados por excepções. Por exemplo, o veículo de lançamento Ariane 5, voo 501, foi destruído após 37 segundos devido a um mecanismo de tratamento de excepções defeituoso. Além disso, o Mars Polar Lander despenhou-se porque não foi capaz de neutralizar um sinal gerado por contactos mecânicos. No seu livro sobre sistemas tolerantes a falhas, Lyu (1995, P.82) dividiu as excepções em três categorias. As excepções de interface ocorrem quando um componente detecta um serviço inválido. São desencadeadas pelo mecanismo de auto-proteção de um módulo e tratadas pelo módulo requerente. As excepções locais ocorrem quando o mecanismo de deteção de erros de um módulo descobre um erro nas suas próprias operações internas e as capacidades de tolerância a falhas do módulo tratam-nas. As excepções de falha ocorrem quando o mecanismo de deteção de erros de um módulo descobre um erro que não pode ser tratado. As excepções de falha informam o módulo de que tem de encontrar outros recursos para executar a sua função. As excepções nem sequer fazem parte das operações normais do sistema O tratamento de excepções é de grande importância em sistemas de segurança crítica, uma vez que os erros nestes sistemas são difíceis de reparar ou substituir devido à natureza complexa dos sistemas. Quando se trata de excepções, as operações normais têm de ser interrompidas para tratar as excepções. Nos sistemas críticos de segurança, é implementado um mecanismo de deteção de erros para detetar excepções de modo a iniciar uma recuperação adequada. Nos sistemas críticos para a segurança, é imperativo que a conceção do mecanismo de tratamento de excepções preveja as possíveis respostas anormais que podem desencadear excepções, os efeitos dessas respostas nos sistemas críticos para a segurança e as acções atenuantes adequadas a selecionar. O mecanismo de tratamento de excepções deve detetar erros de domínio ou de gama, o que exige uma atenção especial.

2.7.1 - Mecanismo de cancelamento

Este é o primeiro mecanismo amplamente selecionado (Jovanovic, Orlic & Broenink 2005, p.32). Quando ocorre uma exceção, o código que se segue à exceção nunca é executado. A execução do código é simplesmente interrompida no ponto em que a exceção ocorre.

Nos sistemas críticos de segurança, o mecanismo de terminação deve ser executado normalmente imediatamente antes do ponto de exceção, como se a exceção nunca tivesse ocorrido. Podemos então dizer que, neste modelo, o aparecimento de uma exceção é equivalente a um comando de saída. Neste modelo, um programador recupera o estado consistente de um módulo no qual foi detectada uma exceção antes de sinalizar novas chamadas aos procedimentos do módulo para encontrar o estado consistente do módulo. A semântica do mecanismo de terminação existente é fácil de entender em relação ao mecanismo de recuperação.

2.7.2 - Mecanismo de recuperação

Bohr e Mok (2002, p.822) escrevem que, quando ocorre uma exceção, o controlo é transferido para o gestor de excepções que define o ambiente resultante. O estado inicial do ponto de execução é guardado para que, uma vez concluído o trabalho do manipulador, este possa regressar ao ponto onde ocorreu a exceção. O controlo passa para o ponto seguinte onde ocorreu a exceção, de modo a que a execução comece a partir desse ponto.

Quando ocorre uma exceção no mecanismo de recuperação, esta tem o mesmo significado que uma chamada de procedimento. Mas o manipulador não pode retomar a execução do módulo depois de comunicar o comando, pelo que o módulo permanece no estado inconsistente que existia quando a exceção foi detectada. Assim, não há resposta para a questão de saber como é que o módulo começaria a ser executado no momento da exceção e como é que o módulo poderia estar num estado consistente.

2.8 - Conclusão

Atualmente, a tolerância a falhas de software é a única solução para produzir um sistema de segurança crítico fiável. A segunda razão é o custo, que seria mais elevado num sistema com várias versões do que num sistema com uma única versão. Mas este custo pode ser compensado por vantagens significativas, como a disponibilidade mais rápida de software crítico para a segurança e um menor investimento na verificação e validação. Também permite a concorrência nos contratos públicos, uma vez que as versões podem ser obtidas de empresas pequenas e eficientes. Nos sistemas críticos para a segurança, o controlo das versões do software é particularmente importante, dado que a tónica é colocada no ensaio e na verificação do software de versão única. Dado que a tónica é colocada na especificação das versões, a qualidade da especificação é mais importante. As técnicas de tolerância a falhas no software baseiam-se em especificações, pelo que especificações incorrectas podem resultar num sistema não fiável. Como se pode ver, a programação em N versões depende apenas da especificação exacta dos requisitos e da diversidade da conceção. Devido à imprecisão dos requisitos de , um sistema deste tipo pode ser desenvolvido, resultando numa falha do sistema crítico para a segurança. É verdade que a versão N pode ter uma probabilidade muito baixa de erros, mas o seu custo de desenvolvimento pode ser demasiado elevado. Na minha opinião, estas técnicas deveriam basear-se em dados e medições reais cuja fiabilidade já foi comprovada, e depois deveriam ser postas em prática. Na fase de desenvolvimento de sistemas críticos para a segurança, o nível de complexidade deve ser reduzido e deve ser dada preferência à utilização de classes genéricas. Se as classes definidas pelo utilizador forem amplamente utilizadas, devem ser fáceis de compreender e ter nomes significativos. É igualmente necessário alterar os métodos de especificação. No desenvolvimento de sistemas críticos para a segurança, as alterações frequentes dos requisitos podem levar a atrasos no desenvolvimento e na entrada em funcionamento do sistema. Penso que os métodos de especificação de requisitos podem ser modificados para ter em conta todos os requisitos. Por exemplo, duas ou mais equipas diferentes poderiam especificar os requisitos exactos e seria feita uma comparação para avaliar os requisitos reais. Isto aumentaria os custos, mas os benefícios seriam maiores. Além disso, pode ser útil formar diferentes grupos de utilizadores fictícios altamente qualificados e experientes para identificar os requisitos exactos e específicos. Desta forma, podem ser descobertas as necessidades reais. Na programação em N versões, a decisão é tomada com base nos resultados de diferentes versões. Não há garantia de que o algoritmo utilizado em cada variante dê os melhores resultados. No bloco de recuperação, a situação continua a ser a mesma: qual é a fiabilidade do teste de aceitação? Não existe qualquer mecanismo de controlo da exatidão deste teste nem qualquer garantia de que o teste de aceitação produzirá o melhor resultado possível.

Em todas as técnicas de tolerância a falhas, algumas questões permanecem sem resposta. Não há resposta para o custo de desenvolvimento de uma programação com N versões. Não há resposta para a questão de saber até que ponto o sistema será fiável. Não há garantia de que o programador tenha as melhores competências para desenvolver software crítico para a segurança. Os requisitos de tolerância a falhas de qualquer sistema que se presuma ser crítico para a segurança devem ser estabelecidos e os métodos de tolerância a falhas que satisfazem os requisitos de tolerância a falhas devem ser selecionados. A fiabilidade e outras propriedades dos sistemas tolerantes a falhas, como o tempo médio até à falha, a degradação do desempenho devido aos métodos de tolerância a falhas escolhidos, o tempo médio até à recuperação, etc., devem ser tidas em conta. Além disso, os métodos de tolerância a falhas devem ser mapeados para as funções do sistema e as suas consequências devem ser tidas em conta para que surja um sistema eficaz de tolerância a falhas.

Capítulo 3: Modelação da fiabilidade do software

3.1 - O que é a modelação da fiabilidade do software?

O IEEE (2008, p.4) define a fiabilidade do software como "a probabilidade de não provocar a falha de um sistema durante um determinado período de tempo em condições específicas". Nos sistemas críticos de segurança, a fiabilidade do software é uma medida quantitativa da qualidade do software. Significa que o sistema funcionará sem falhas num determinado ambiente e durante um determinado período de tempo.

3.2 - Técnicas de modelação da fiabilidade do software

Segundo a NASA (2005, p.2) e Phong (2006, p.153), as técnicas de fiabilidade do software podem ser agrupadas em duas categorias: fiabilidade preditiva e fiabilidade de tendência. A fiabilidade preditiva atribui probabilidades ao perfil operacional de um sistema de software. A fiabilidade tendencial segue os dados de falhas do sistema para produzir um perfil operacional da fiabilidade do sistema durante um determinado período de tempo. Exemplos deste tipo de modelo são a métrica de complexidade ciclomática de McCabe e a métrica de software de Halstead.

Num sistema de segurança crítica, podemos dizer que este modelo examina o número de erros, os operadores de operandos e o número de instruções de máquina no programa. A textura do programa é analisada para obter medidas de desempenho e não envolve quaisquer eventos aleatórios. A fiabilidade preditiva é adequada para o software, enquanto a fiabilidade tendencial é mais adequada para o hardware. A principal vantagem dos modelos preditivos é que a fiabilidade do software pode ser prevista no início do seu ciclo de vida. Estes modelos também podem ser utilizados como parte de processos de desenvolvimento de software, como o processo em cascata. Estes modelos podem prever se o desenvolvimento de software será benéfico em determinadas condições.

3.3 - Vantagens dos modelos de fiabilidade do software

No seu trabalho de investigação, Tsai (et al 2004, p.148) afirma que os modelos de fiabilidade do software podem ser utilizados para a análise de estimativas, em que os dados relativos às falhas são utilizados em procedimentos de inferência estatística para decidir o número restante de falhas que podem ocorrer num sistema crítico para a segurança. Podem ser utilizados para a previsão da fiabilidade, em que os dados históricos, as propriedades do software crítico para a segurança e a conclusão da previsão, que é sempre baseada em modelos, quantificam as caraterísticas do processo de falha, que podem incluir o número médio de falhas que ocorrem em qualquer momento, a intensidade da falha em qualquer momento e o número médio de falhas num intervalo de tempo, bem como a distribuição de probabilidades desses intervalos.

Nos sistemas críticos de segurança, o seu objetivo é garantir a fiabilidade com base nos dados obtidos em falhas anteriores. Os modelos de fiabilidade podem ser utilizados para prever a fiabilidade do software nas fases iniciais de desenvolvimento e o seu principal objetivo é eliminar as falhas.

3.4 - Critérios de seleção do modelo de fiabilidade

Asad, Ullah & Rehman (2004, p.535) descreveram os seguintes critérios que podem ser aplicados à seleção de modelos de fiabilidade.

No caso de sistemas críticos para a segurança, pode ser utilizado um critério específico para selecionar o modelo. Por exemplo, deve ser decidido qual o modelo que produz o resultado esperado. O modelo em questão não pode ser utilizado na ausência dos dados necessários. A tendência dos dados também deve ser tida em conta. Isto significa que a curva dos dados de falha recolhidos deve ser examinada juntamente com a curva do modelo. Alguns modelos podem ter pressupostos que não podem ser cumpridos. Apenas os modelos com a percentagem mais elevada de validade dos pressupostos podem ser selecionados. Deve ter-se em conta a dimensão da aplicação, a sua capacidade de terminação, a estrutura do projeto, o processo de desenvolvimento, o processo de teste, etc.

Na minha opinião, deve ser selecionado um grupo de modelos candidatos, caso o modelo escolhido não pareça corresponder aos resultados esperados. Os pressupostos do modelo devem ser comparados com o processo de desenvolvimento de software para determinar se esses pressupostos são adequados a esse processo de desenvolvimento. Todos os pressupostos devem ser robustos. Além disso, devem ser identificados os requisitos de dados para cada modelo. Cada modelo tem vantagens e desvantagens, pelo que deve ser comparado o modelo que parece mais adequado aos resultados. De seguida, o modelo deve ser aplicado aos dados fornecidos. Pode ser utilizado um gráfico para mostrar o progresso em direção ao objetivo de fiabilidade. O modelo escolhido deve ser fácil e simples de compreender. Estes modelos devem ser objeto de uma melhoria contínua do processo.

Em suma, podemos dizer que os modelos de fiabilidade são modelos matemáticos, tendo sido feitas muitas suposições para desenvolver um modelo tratável, a fim de obter resultados razoáveis. Estes pressupostos não foram devidamente explicados. Os sistemas críticos para a segurança são muito complexos e muito grandes. A sua fiabilidade atual não pode ser identificada. Não é possível desenvolver um modelo para avaliar a sua fiabilidade futura. Nenhum modelo pode justificar as restrições e os pressupostos do processo de quantificação do software crítico para a segurança. Existem modelos matemáticos de fiabilidade na literatura, mas não foram validados em grande escala. Por conseguinte, nenhum deles pode ser recomendado para a modelação de sistemas críticos de segurança. Os conceitos de fiabilidade do software são baseados na fiabilidade do hardware e as suas funcionalidades são probabilísticas. Além disso, todos estes modelos tratam o software como uma caixa negra, que lida com o ambiente externo e não representa a estrutura interna do software. Os modelos de fiabilidade assumem que a taxa de falhas é diretamente proporcional ao número de falhas no programa. Este pressuposto não foi validado teórica ou experimentalmente. Espera-se que a taxa de falhas seja reduzida com este pressuposto, mas tal nunca foi logicamente provado. A maioria dos modelos de fiabilidade não fornece dados para obter parâmetros precisos. Os valores destes parâmetros nunca foram provados como exactos e nunca foram justificados. Devido às incertezas, estes parâmetros não podem dar uma estimativa exacta. A seleção de modelos de fiabilidade adaptados ao ambiente pode envolver incertezas. Por conseguinte, não existe um modelo que corresponda perfeitamente ao ambiente do software crítico para a segurança.

3.5 - Modelos Abordagens de classificação

Phong (2006, p.) Musa e Okumoto propuseram formalmente um modelo de fiabilidade

que ainda hoje é utilizado. Estas abordagens são habitualmente utilizadas pela NASA e pelo IEEE. Nesta abordagem, existe uma relação entre modelos do mesmo grupo de classificação. Musa e Okumoto classificaram os modelos utilizando os cinco atributos seguintes (Lyu 1995, p.73).

Domínio do tempo: o tempo natural é medido como tempo de execução ou tempo de calendário.

Categoria: Representa o número total de falhas que podem ocorrer num período de tempo infinito. Pode ser finito ou infinito.

Tipo: Representa a distribuição de falhas num intervalo de tempo.

Classe: Representa a forma funcional da intensidade da falha expressa no tempo. Aplica-se apenas a categorias de falha finitas.

Família: Forma funcional da intensidade de falha expressa em termos de falhas esperadas. Aplica-se apenas à categoria de falha infinita.

De acordo com o System Reliability Toolkit (2005, p.396), os modelos de fiabilidade do software podem ser classificados nas seguintes categorias

3.6 - Abordagem no domínio dos dados

No seu relatório para a organização australiana de ciência e tecnologia de defesa, Uzonov & Nguyen (2007, p.36) escrevem que a abordagem do domínio dos dados utiliza o número de execuções bem sucedidas em relação ao número total de execuções para calcular a fiabilidade de um sistema crítico para a segurança. O tempo pode ou não ser utilizado nestes modelos. Se for utilizado, não representa o momento em que a falha ocorreu, mas o tempo total decorrido de uma execução. Na redução, esta abordagem pode ser utilizada para selecionar entradas de teste que se baseiam na distribuição de probabilidades do perfil operacional esperado. Isto significa que a entrada é dividida em diferentes regiões com base nos valores de probabilidade atribuídos de acordo com o perfil operacional. Vamos assumir que "N" representa o número total de testes e "S" representa o número de testes bem sucedidos. A fiabilidade atual do programa será

R = S / N

Esta fórmula pode ser utilizada para incluir as caraterísticas do espaço de entrada do teste, que pode ser dividido em regiões homogéneas. Este modelo descreve o programa como uma função computável definida sobre o conjunto de valores de entrada que dependem do perfil operacional.

3.7 - Modelo de sementeira de erros

A abordagem de sementeira de erros introduz erros no software e o número total de erros é estimado com base no número total de erros não detectados. No seu livro, Pham (2006, p.159) utiliza o seguinte modelo matemático.

$$P(k; N, n_1, r) = \frac{\binom{n_1}{k}\binom{N}{r-k}}{\binom{N+n_1}{r}}, \quad k = 1, 2, \ldots, r$$

N = número total de erros inerentes n1 = número total de erros induzidos r = número total de erros suprimidos durante a depuração k = número total de erros induzidos em r erros suprimidos r - k = número total de erros inerentes em r erros suprimidos

Em termos simples, são introduzidas determinadas sementes num documento, como o código-fonte, a especificação de requisitos, etc., e o documento é depois testado. É possível descobrir o número de erros reais que ainda podem existir. O número de possíveis erros num programa pode ser previsto se os erros introduzidos não forem removidos do programa e se for mantido um registo dos erros já encontrados e dos novos erros encontrados. Por outro lado, este modelo exige um grande esforço para testar o software. Não descreve o número de erros introduzidos, o seu tipo, o seu nível de dificuldade ou a sua localização. Suponhamos que dois programadores independentes testam o programa para detetar erros usando o seu próprio conjunto de casos de teste. Os seus resultados podem diferir um do outro. Estes modelos são utilizados para testar a fiabilidade do software no final do ciclo de desenvolvimento.

3.8 - Modelos do domínio de entrada

De acordo com o System Reliability Toolkit (2005, p.409), o software é um programa concetual que converte dados de entrada em dados de saída. O espaço de entrada é chamado de domínio de entrada e um único elemento desse espaço é chamado de vetor de valores de dados necessários para executar o programa. O seu objetivo é garantir que um vetor selecionado não resulte numa saída errada. Estes modelos calculam a fiabilidade diretamente em relação a outros modelos. O modelo de Brown e Lipow baseia-se nesta teoria, que divide o domínio de entrada em classes equivalentes que podem ser conjuntos, Ei, i = 1, 2, ... M, de modo que cada vetor no domínio de entrada pertence a um e apenas um conjunto Ei. A figura seguinte descreve esta teoria.

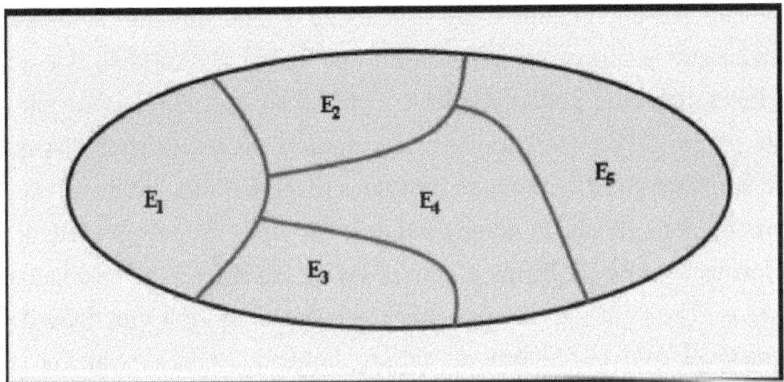

Figura 3.1: Modelo do domínio de entrada (System Reliability Toolkit, 2005) A seguinte fórmula matemática pode ser utilizada para calcular a fiabilidade.

$$\hat{R} = 1 - \sum_{i=1}^{M} \left(\frac{f_i}{n_i} \right) P(E_i)$$

Em resumo, podemos dizer que os modelos do domínio de entrada descrevem o perfil operacional do sistema crítico para a segurança. Também descrevem uma partição do domínio de entrada e a atribuição de probabilidades operacionais às classes iguais na partição. Também definem as falhas, o conjunto de testes para cada classe, executam os testes e calculam a fiabilidade. O tamanho e o número do vetor são ainda desconhecidos. Não são fornecidos detalhes sobre a frequência dos vectores. O mais importante a notar é que o tamanho da probabilidade depende do tamanho do vetor, o que é totalmente irracional.

3.9 - Modelos de taxa de falha

Nesta categoria de modelos, é estudada a taxa de falha de cada falha em intervalos de falha. Para sistemas críticos de segurança, estes modelos de fiabilidade do software baseiam-se em determinados pressupostos fundamentais. No seu trabalho de investigação, Krajcuskova (2007, p.2) descreve que os intervalos de teste não estão relacionados entre si porque a sua duração pode variar de um teste para outro, que os intervalos de teste estão homogeneamente distribuídos e que o número de falhas detectadas durante os intervalos não está relacionado entre si. São independentes porque dependem do tipo de ensaio.

O principal problema com este modelo é o facto de assumir que todos os erros contribuem igualmente para a taxa de erro. Isto não é verdade, porque nem todos os erros são criados da mesma forma, sendo alguns mais utilizados do que outros . Por outro lado, estes erros não são exercitados e são difíceis de detetar durante os testes. Como é impossível distinguir o número e a dimensão dos defeitos, o modelo não se centra na falha real. Estes modelos podem ajudar na utilização de informações para uma estimativa exacta. Além disso, estes modelos baseiam-se na noção irrealista de que todas as falhas de software contribuem para o mesmo nível de falha, o que é falso porque algumas falhas são mais fáceis de detetar e outras são mais difíceis de detetar. Não dão qualquer informação sobre a forma como as falhas em diferentes intervalos podem estar relacionadas. Também não dá qualquer informação sobre a repetição de falhas. Também é possível que o número de falhas aumente com o tempo e é impossível saber como as controlar ou limitar.

3.9 - Conclusão

Em primeiro lugar, não existe um mecanismo único de classificação dos modelos de fiabilidade dos sistemas críticos, uma vez que cada organização os agrupa em função das suas necessidades. Por exemplo, a NASA dividiu-os em modelos de sementeira de erros, de taxa de falha, de ajuste de curvas e de crescimento da fiabilidade (NASA 2005, p.2). Por outro lado, o IEEE dividiu-os em modelos de estimativa da fiabilidade do software e modelos iniciais (IEEE 2008, p.16). Os modelos de estimativa são os modelos exponenciais NHPP, modelos não exponenciais NHPP e modelos Bayesianos. Os modelos iniciais são o modelo Schneidewind, o modelo exponencial generalizado e o modelo de tempo de execução Poisson logarítmico Musa/Okumoto. No seu estudo sobre a modelização da fiabilidade do software, Lyu (1996, p.73) dividiu-os em modelos de tempo de falha exponencial, modelo de tempo de execução básico de Musa, modelo hiperexponencial, modelos de tempo de falha Weibull e Gamma, modelos de crescimento da fiabilidade em forma de S, modelos de falha infinita, modelo logarítmico de Musa-Okumoto e categorias de modelos Bayesianos. É por isso que é urgente adotar uma classificação dos modelos de fiabilidade para que a investigação possa avançar na direção certa para os sistemas críticos de segurança. A segunda razão é que estes modelos se baseiam puramente em pressupostos matemáticos que podem ser incorrectos e não atingir os seus verdadeiros objectivos. Na prática, estes pressupostos não se verificam ou são muito fracos. Também é verdade que muitos modelos não têm em conta os outros factores necessários que influenciam a fiabilidade do software, ou seja, o ambiente, as competências, a experiência, etc. Consequentemente, existem mais de 50 modelos de fiabilidade, mas nenhum deles é considerado suficientemente completo e robusto para abordar todas as questões relacionadas com a modelação da fiabilidade de sistemas críticos para a segurança. Um dos maiores problemas da modelização da fiabilidade é que não pode ser utilizada para prever a fiabilidade futura. Se o ambiente de ensaio dos dados recolhidos se alterar significativamente, não se pode esperar que o mesmo modelo possa ser utilizado eficazmente na modelização da fiabilidade de sistemas críticos de segurança no futuro. Sempre que os dados são definidos para um determinado tipo de modelo, as suas limitações devem ser tidas em conta. A modelação da fiabilidade é a atividade de dois grupos diferentes de indivíduos, os modeladores e os profissionais. Cada um tem em mente um processo e um produto diferentes. Os modeladores são geralmente investigadores que dependem da publicação de artigos que são avaliados por outros para obterem qualquer valor teórico real. Os modeladores utilizam teorias muito avançadas e complicadas que se baseiam em pressupostos subjacentes injustos e pouco razoáveis. Por outro lado, os profissionais (programadores, gestores) estão dependentes do pessoal, dos custos, dos prazos e do lançamento de software crítico e trabalham com restrições de tempo e com programadores e baseiam-se em informações incompletas ou insuficientes. Os profissionais implementam abordagens práticas e exequíveis. Em geral, os modeladores atingem os seus objectivos, mas os profissionais nunca estão satisfeitos. Esta diferença de interesse e de mentalidade coloca problemas na modelação da fiabilidade do software. Os modelos baseados em pressupostos teóricos não podem produzir resultados corretos e calculados porque se baseiam em factores pobres, fracos e incompletos. Do meu ponto de vista, os modelos de fiabilidade podem ser melhorados através dos seguintes pontos

Ao modelizar sistemas críticos de segurança, apenas devem ser utilizadas hipóteses realistas e sólidas para obter resultados exactos e comprovados. Qualquer nova hipótese não deve ser utilizada até ter sido devidamente testada. O meio académico e a indústria de desenvolvimento de software têm de trabalhar em conjunto para evitar discrepâncias nos modelos de fiabilidade do software. Como cada organização adoptou modelos diferentes para satisfazer as suas necessidades, deve ser desenvolvida uma estratégia comum para pôr em prática os pontos fortes de todos os modelos. Deve haver uma autoridade de revisão para comunicar as últimas investigações sobre os modelos de fiabilidade e a sua utilização. Os pontos fortes e fracos dos modelos devem ser publicados para que os modeladores e os profissionais possam vê-los. Os modelos de fiabilidade começaram a ser desenvolvidos numa altura em que o modelo em cascata era o único modelo de desenvolvimento. Atualmente, a situação mudou e já não são tão úteis, porque o modelo em cascata não parece adequado para o desenvolvimento de sistemas críticos para a segurança, uma vez que não garante que não haverá falhas no sistema. Por conseguinte, é necessário inventar novos métodos de desenvolvimento de aplicações de segurança crítica para garantir que não haja falhas no sistema.

Capítulo 4 - Técnicas de análise da fiabilidade do software

O objetivo das técnicas de análise da fiabilidade do software é determinar o que o sistema pode ou não fazer que não seja necessário. A análise tenta provar que o sistema não executará nenhuma função indesejável ou inesperada. De acordo com a norma IEEE (352-1987, p.9), as técnicas de análise de software dividem-se nas categorias de análise dedutiva do sistema e análise indutiva do sistema, como se descreve a seguir.

4.1 - Análise de sistemas dedutivos

T 'A análise dedutiva do sistema pressupõe que o sistema falhou de alguma forma e que uma investigação revela os modos de comportamento do sistema ou subsistema que causaram a falha. Os métodos dedutivos são utilizados para descobrir como pode ocorrer um determinado estado de falha e os métodos indutivos são utilizados para determinar os possíveis estados de falha. A análise da árvore de falhas é o exemplo mais comum.

4.2 - Análise indutiva de sistemas

Para sistemas críticos de segurança, o método indutivo assume estados de falha específicos para os componentes e, em seguida, o seu efeito no sistema como um todo é analisado. Blivband (et al.2009, p.32) afirma que é assumido um determinado evento de desencadeamento para cada objeto de controlo e que as suas consequências são analisadas. Os métodos indutivos são também referidos como abordagens ascendentes, uma vez que começam por baixo, onde se assumem os iniciadores da falha, e depois continuam para cima para descobrir os efeitos resultantes no sistema. Pode dizer-se que os métodos indutivos partem das possíveis causas das falhas e analisam depois os efeitos resultantes. Os exemplos incluem a análise dos modos e efeitos de falha (FMEA), a abordagem de contagem de peças, a análise preliminar de risco, a análise de risco de falha, a matriz de falha dupla, etc.

4.3 - Análise da árvore de falhas (FTA)

No seu Manual da Árvore de Falhas, Stamatelatos (2002, p.2) afirma que a análise da árvore de falhas de software é uma abordagem à análise da fiabilidade do software que é utilizada para reconhecer e documentar as várias combinações de eventos de software no nível inferior que causam eventos no nível superior, também conhecido como o nível de raiz. Trata-se de um modelo qualitativo que é avaliado através de métodos qualitativos. Por outras palavras, podemos dizer que é uma abordagem de análise descendente que mostra como o comportamento de componentes e interfaces de nível inferior pode causar falhas ao nível do sistema. É uma abordagem dedutiva que envolve a listagem e a análise gráfica de falhas específicas do sistema de diferentes formas. Cada evento indesejável ou modo crítico pode exigir uma árvore de falhas separada. Quando o nível superior se encontra num estado perigoso, a árvore de falhas revela todas as formas através das quais o sistema pode atingir um estado perigoso. Por conseguinte, pode dizer-se que os acontecimentos indesejáveis são gerados no nível superior e que se observa no nível inferior como o seu comportamento pode levar o sistema a atingir um estado perigoso. Os eventos que estão na origem do perigo são representados pelos nós filhos e analisados recursivamente. Na árvore de falhas, é utilizada uma porta para ligar cada evento analisado às suas causas (subeventos). Ortmeier & Schellohrn (2007, p.141) descrevem que a porta AND representa todos os subeventos e que estes são necessários para despoletar um evento ao nível superior. Os modos de falha são representados por folhas de árvore ao nível do componente. Uma porta OR indica que apenas um evento é necessário para acionar um evento indesejável. Além disso, é também utilizada uma porta INHIBIT para indicar que a condição tem de ser verdadeira para acionar um evento. A Figura 1 apresenta uma árvore de falhas.

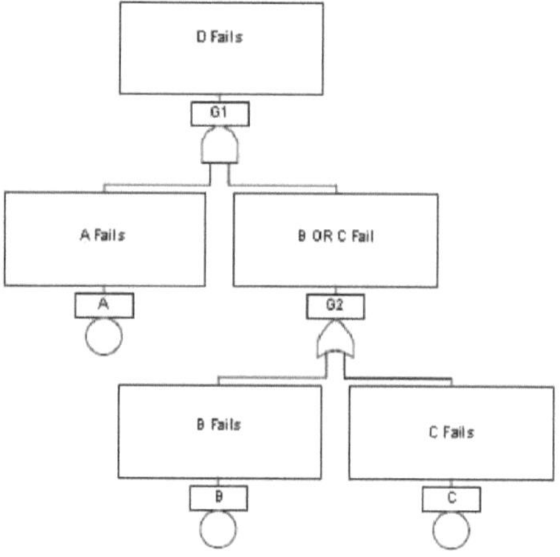

Figura 4.1: Um diagrama simples de árvore de falhas (Stamatelatos 2002, p.2)

De acordo com Decan & Peng (2009, p.179), os conjuntos de corte e os conjuntos de corte mínimos representam os eventos básicos e de nível superior na análise da árvore de falhas. Um conjunto de corte representa todos os eventos básicos que levam ao perigo para o sistema ou, poderíamos dizer, todos os eventos que causam a falha do sistema. Mas um conjunto mínimo nunca conduz ao perigo de nível superior, desde que pelo menos um conjunto de eventos seja evitado ou a raiz da árvore seja sempre verdadeira; nenhum evento pode ser removido dos conjuntos de corte.

4.3.1 - Objetivo e vantagens da análise da árvore de falhas

De acordo com o System Reliability Toolkit (2005, p.554), a análise da árvore de falhas é utilizada para analisar a funcionalidade de um sistema crítico para a segurança. Pode ser utilizada para avaliar a fiabilidade do sistema, a segurança do sistema, as interfaces humanas, as interfaces de software e as potenciais acções corretivas. Além disso, pode ser utilizada para simplificar a manutenção e a resolução de problemas do sistema crítico para a segurança, a eliminação lógica das causas de uma falha observada e a observação dos efeitos combinados de eventos simultâneos e não críticos no local a nível do sistema. A FAT é útil por muitas razões. Porque começa do topo e trabalha para baixo, tem em conta apenas as condições e eventos relevantes. Isola as falhas mais críticas através da ligação e identificação de sistemas complexos. A técnica utiliza álgebra booleana e portas para reduzir a complexidade à sua forma mais simples.

Em sistemas críticos de segurança, a análise da árvore de falhas não descreve todas as possíveis falhas do sistema ou as possíveis causas das falhas do sistema. Como a análise da árvore de falhas é uma abordagem descendente, centra-se num evento de topo que representa alguns modos de falha específicos do sistema. Por conseguinte, podemos dizer que esta abordagem se centra apenas nas falhas relacionadas com o evento de topo. Não se concentra nas falhas de nível inferior em maior profundidade. Além disso, as falhas de nível superior não abrangem todas as falhas que podem ocorrer nesse ponto, mas apenas as que são compreendidas pelo projetista. É de notar que a árvore de falhas não descreve quantitativamente as falhas, independentemente das provas. Em vez disso, é um modelo qualitativo que é provado usando álgebra booleana. Podemos dizer que se trata de um modelo qualitativo que é avaliado através de técnicas quantitativas. Esta caraterística não altera o carácter qualitativo desta técnica, embora se trate de um modelo prático. Um modelo de árvore de falhas consiste em portas lógicas que podem ativar ou desativar a lógica da árvore de falhas. As relações ilustradas pelas portas indicam a ocorrência de qualquer evento de alto nível. Por conseguinte, podemos dizer que os eventos de alto nível actuam como saída da porta e os eventos de baixo nível como entrada da porta. O tipo de porta representa a relação entre a entrada e a saída das portas. O seu resultado é sempre um evento binário, um sucesso ou um fracasso. É possível obter informações importantes a partir do conjunto de cortes mínimos, uma vez que estes representam um único acontecimento ou falha que pode levar à ocorrência do acontecimento superior. Estas falhas únicas revelam sempre uma relação fraca que exige uma ação preventiva adicional. Uma vez que as causas e os efeitos dos acontecimentos, as suas condições e as suas inter-relações são representados graficamente, pode ser necessária uma documentação mais detalhada para que um utilizador comum os compreenda. Uma vez que as condições e os acontecimentos são utilizados para a análise qualitativa, devem ser apresentados de forma a permitir a obtenção e a aplicação de uma probabilidade adequada. Ao construir a árvore de falhas, pode ser difícil distinguir entre um evento dependente e um evento independente. A lógica booleana não pode ser aplicada ao modo de falha destes componentes parcialmente bem sucedidos. Isto aumentaria a complexidade do sistema crítico para a segurança. É necessária uma árvore de falhas separada para cada evento de nível superior, o que tornaria a análise da fiabilidade do sistema crítico para a segurança muito difícil e aumentaria o custo da operação. As árvores de falhas são desenvolvidas por diferentes utilizadores, o que pode produzir resultados diferentes, nomeadamente devido à utilização de diferentes estruturas e conjuntos de cortes, tornando os resultados da análise ambíguos ( ). Os mesmos eventos ou condições podem ser repetidos em diferentes partes da árvore de falhas, levando a ambiguidade e confusão na natureza. A teoria da análise da árvore de falhas exige a previsão de eventos indesejáveis. Isto pode ser confuso, dispendioso e moroso, uma vez que o sucesso global recai sobre os ombros do analista.

4.4 - O que é a análise dos modos e efeitos de falha?

De acordo com a FMEA e a FMECA (2009, p.1), a FMEA é uma técnica de análise qualitativa sistemática utilizada para descobrir modos de falha e avaliar os seus resultados no sistema. O modo de falha refere-se às maneiras pelas quais o sistema falhará devido a erros, falhas, defeitos, etc. A análise dos efeitos é o estudo das consequências destas falhas no sistema. Podemos dizer que é uma técnica de análise que identifica potenciais falhas no processo ou na conceção, avaliando os efeitos das falhas a um nível inferior. Tem em conta cada parte do sistema, as suas causas de falha e as consequências destas falhas no sistema. O seu objetivo é identificar as consequências da falha de um único componente para os outros componentes e depois para o sistema como um todo.

4.4.1 - Tipos de FMEA

Balivband, Grabov e Nakar (2009, p.31) dividiram a análise do modo de falha (FMEA) em três categorias: análise do modo de falha do projeto, análise do modo de falha do processo e análise do modo de falha do serviço. A FMEA da conceção diz respeito à análise da conceção do produto antes de este ser colocado em produção. Centra-se nos potenciais modos de falha associados às funções do produto que podem ocorrer no produto devido a falhas de conceção. A FMEA do processo centra-se nos processos existentes. Centra-se nos potenciais modos de falha relacionados com a eficiência do processo e com as funções do produto que poderiam ocorrer devido a um processo defeituoso. A FMEA de serviço centra-se na capacidade de serviço do produto. Isto significa que aborda os potenciais problemas relacionados com a manutenção e as falhas do produto.

4.4.2 - Objetivo

A norma IEEE (352-1987, p.10) afirma que o objetivo da técnica de análise FMEA é identificar como cada peça pode falhar, que tipo de mecanismo produz modos de falha, quais os efeitos dessas falhas, se a falha ocorre em condições seguras ou inseguras, qual o mecanismo de deteção de falhas, que tipos de provisões são feitas no projeto para tolerar essas falhas.

4.4.3 - Vantagens

No seu artigo sobre a análise dos modos e efeitos de falha, Krasich (2009, p.277) afirma que a FMEA é a ferramenta de análise da fiabilidade do software mais utilizada nos sistemas críticos de segurança. Se for utilizada corretamente no processo de conceção por pessoal qualificado, pode eliminar com êxito as causas de falha ( ), de modo a reduzir o risco de falha do sistema. Uma vez que os sistemas críticos de segurança são tão complexos, permite uma compreensão clara dos componentes do sistema e dos riscos de falha. Mraz & Huber (2005, p.6) afirmam que isto ajuda a melhorar a fiabilidade e a qualidade do processo, a fim de garantir a fiabilidade do sistema. Quando utilizado na fase de conceção, identifica e elimina modos de falha, concentrando-se na prevenção de problemas. Com menos falhas, os custos de manutenção são reduzidos. Também ajuda a selecionar alternativas de conceção altamente fiáveis. Fornece pormenores sobre as falhas potenciais, a gravidade dos seus efeitos, o planeamento da manutenção, a análise quantitativa, a redução dos resíduos, a redução dos custos, a identificação das necessidades de mudança, o aumento do rendimento, etc.

4.4.4 - Desvantagens

I No seu artigo, Ebrahimipour, Rezaie e Shokarvi (2009, p.409) descrevem que o processo FMEA é demasiado longo e, por conseguinte, consome muito tempo. Em segundo lugar, apresenta todas as causas de problemas como um único evento, o que significa que as combinações de eventos são representadas como um único evento desencadeador. Para garantir a fiabilidade do processo, é necessária uma comunicação eficaz de todos os participantes no desenvolvimento de sistemas críticos para a segurança. Em terceiro lugar, o processo pressupõe que as pessoas certas serão recrutadas para o desenvolvimento e que a sessão de acompanhamento será parte integrante de um processo eficaz.

4.4.5 - Gravidade do efeito

No seu artigo em linha, Dovich (n.d) indica que existem várias escalas de classificação da gravidade, que vão de 1 a 5 e de 1 a 10. Esta última escala é muito utilizada porque permite uma transição mais suave entre níveis. A gravidade é representada por números que dependem dos projectistas, como mostra o diagrama seguinte.

Severity of Effect	Ranking
Insignificant: Defect may not be noticed at all. Will not result in downstream processing problems or impair usability.	1
Low: Some downstream effect may occur in processing. May affect end user or cause less-than-optimal performance.	2, 3
Moderate: Will likely cause processing problems downstream or result in degraded performance of end product if part reaches the customer. Customer dissatisfaction is probable.	4, 5, 6
Significant: Serious downstream proceeding problems may occur. If product reaches customer, equipment failure is likely.	7, 8
Very High: Potential failure affects safety issues in operation or processing.	9, 10

Figura 4.2: Gravidade do efeito (Dovich n.d, p.2)

A análise dos modos de falha e dos efeitos (FMEA) é um processo moroso. A razão para isso é que, se o processo for defeituoso, o sistema desenvolvido sofrerá sérios danos. Por outro lado, o custo aumenta à medida que o processo se prolonga. Se o tempo aumentar, isso terá repercussões consideráveis em todo o processo de desenvolvimento do sistema, tais como alterações nos requisitos, alterações na tecnologia, etc. É possível que a FMEA não forneça um mecanismo que revele como um sistema crítico para a segurança pode ser concluído a tempo. Além disso, a fiabilidade de todo o sistema depende das competências do projetista. Não existe um mecanismo para medir as competências, capacidades, etc. de um projetista e determinar se ele é a melhor pessoa para desenvolver sistemas críticos de segurança. Como sabemos, existem diferentes tipos de sistemas de segurança críticos: sistemas de missão crítica, sistemas de segurança crítica e sistemas de vida crítica. Se um projetista é adequado para sistemas de missão crítica, não há garantia de que o seja para sistemas de vida crítica, porque cada sistema tem utilizadores diferentes, uma estrutura diferente, requisitos diferentes, interfaces diferentes, etc. Não existe uma solução única para todos. Não existe informação sobre os tipos de falhas que podem ocorrer no sistema. Não existe informação sobre os tipos de falhas que podem ocorrer no sistema. Não é óbvio quantas falhas potenciais serão tidas em conta e que tipo de mecanismo deve ser instalado para o efeito. Uma vez que é utilizado no processo de conceção e depende das especificações dos componentes que constituem o sistema, pode não ter a influência desejada, pois não incluiria os modos de falha de todo o sistema e não afectaria decisões importantes de conceção e de processo. Normalmente, a informação relevante sobre os componentes fica disponível quando a fase de conceção do sistema está concluída. A FMEA requer um conhecimento aprofundado das operações do sistema, pelo que será necessária uma vasta informação sobre engenharia de sistemas, engenharia de conceção de software e hardware e outras áreas para recolher as informações necessárias, o que resultará em custos mais elevados e possíveis atrasos no projeto. A avaliação da fiabilidade exige a identificação de potenciais falhas e das suas causas, mas a literatura sobre a FMEA não detalha uma abordagem sistemática fiável que possa ser utilizada para este fim. Uma vez que podem existir muitos problemas devidos a condições de funcionamento, interação de controlo, erros entre operações do processo, acções inesperadas do utilizador e operações omitidas que são difíceis de detetar, estas técnicas não revelam como classificar estes eventos. A FMEA não revela qual é a causa de uma falha identificada, com que frequência essa causa ocorre, como e quando essa causa pode ser detectada, ou como pode ser detectado o modo de falha relevante. Dado que a FMEA testa o comportamento do sistema em condições de falha pontual que não são reveladas pela FMEA, como pode ser justificada? O comportamento dos sistemas críticos para a segurança deve ser avaliado em condições de funcionamento sem falhas que a FMEA não descreve. Da mesma forma, a FMEA não diz como avaliar a estabilidade do circuito de controlo em caso de falha ou de funcionamento normal. Existem ainda factores de erro humano que não são abordados na FMEA, em que o utilizador aplica entradas incorrectas e a forma como o sistema se deve comportar em caso de saída incorrecta não é descrita na FMEA.

4.5 - Conclusão

A análise da árvore de falhas do software deve ser considerada em conjunto com o hardware subjacente. Caso contrário, surgirão inesperadamente problemas de interface e de interação. Na minha opinião, os erros humanos devem ser simulados utilizando a análise da árvore de falhas para produzir uma verdadeira reação do sistema, o que melhoraria todo o processo. Não é sensato confiar apenas na análise da árvore de falhas para a fiabilidade do software. Por exemplo, a reutilização de módulos antigos resultará numa nova análise de fiabilidade para esse módulo, uma vez que os pressupostos fundamentais utilizados na conceção original podem não ser adequados ao novo ambiente. Consequentemente, terá de ser efectuada uma nova análise para verificar e validar estes novos requisitos, o que conduzirá à complexidade do sistema, ao aumento dos custos e a atrasos indevidos. Além disso, a análise da árvore de falhas do software não pode ser utilizada como alternativa aos procedimentos de integração e teste do sistema que são aplicados para verificar se o sistema cumpre os requisitos funcionais. Por conseguinte, devemos utilizar os métodos tradicionais estabelecidos para garantir que os requisitos estão completos, conduzindo a um sistema de segurança crítico fiável. O objetivo da análise da árvore de falhas de software em sistemas críticos de segurança deve ser garantir que os parâmetros de fiabilidade foram implementados no local através de uma análise cuidadosa, exaustiva e precisa dos módulos de software que são responsáveis pelos controlos de fiabilidade do sistema global. Do mesmo modo, não fornece pormenores sobre os eventos que, a níveis inferiores, podem causar a falha de um sistema. Não é fiável porque não se concentra em eventos de nível inferior em grande detalhe. Para criar um sistema fiável, deve existir um equilíbrio entre os eventos de nível inferior e os eventos de nível superior. Como depende inteiramente do conhecimento do projetista, não há garantia de que este não cometa erros na estrutura da análise da árvore de falhas, tal como é óbvio que outras incertezas podem levar a erros fatais na análise da árvore de falhas, o que poria em causa todo o desenvolvimento do sistema crítico de segurança. A incerteza devida à falta de conhecimento conduz a uma situação em que não existe um modelo único para resolver o problema. Por outro lado, a técnica de análise da árvore de falhas é muito flexível e, por isso, não pode ser descrita de uma única forma. Atualmente, os símbolos lógicos utilizados na análise da árvore de falhas não são suficientes. Na minha opinião, deveriam ser fornecidos mais.

Por outro lado, constatamos que a análise dos modos de falha e dos seus efeitos contém muitos pontos não resolvidos. Não fornece pormenores sobre as causas e as condições de falha que podem levar a um sistema não fiável. Se conhecermos as causas e as condições de falha, isso será útil para o planeamento da fiabilidade, a manutenção, a logística, etc. Não existe uma classificação adequada das falhas. A FMEA não fornece quaisquer princípios para a seleção da melhor escolha entre as acções corretivas, uma vez que a hierarquização das alternativas depende inteiramente da intuição, experiência e sentimentos dos membros da equipa da FMEA, o que pode levar a que a solução final recomendada esteja mais longe da solução óptima. Além disso, a falta de fontes de dados agrava esta situação, uma vez que os projectistas continuam a necessitar de dados autenticados para que as técnicas de análise verifiquem os parâmetros relacionados. Mas algumas agências, empreiteiros, governos, etc., não fornecem dados e parâmetros fiáveis por razões económicas e confidenciais. Isto resulta numa análise que é completamente não fiável. A FMEA é útil para identificar problemas de componentes, mas não é eficaz para identificar modos de falha em todo o sistema. Como sabemos, a falha de um sistema é o resultado da falha de um componente, que pode ser totalmente diferente da falha de um sistema. Do mesmo modo, a FMEA é aplicada na fase de conceção porque depende da especificação dos componentes do sistema, o que pode levar a problemas como o âmbito limitado, a relevância insuficiente para o funcionamento e apoio do sistema, atrasos, etc. Uma vez que a informação sobre os componentes fica disponível depois de concluída a fase de conceção do sistema, as deficiências identificadas pela FMEA conduziriam a custos adicionais e a dificuldades de correção. Para realizar corretamente a FMEA, a conceção dos componentes deve ser questionada de forma objetiva. Por conseguinte, a equipa da FMEA deve incluir projectistas e outro pessoal de conceção crítico que tenha conhecimentos, experiência ou competências para desenvolver uma conceção e apresentar possíveis soluções.

Em suma, considero que a FMEA deve ser utilizada nas fases iniciais do desenvolvimento para ter impacto na conceção e fiabilidade do sistema. Consequentemente, a FMEA tradicional poderia ser aplicada mais eficazmente como uma abordagem sistemática capaz de captar um maior número de modos de falha. Além disso, é necessário reconhecer a parte da lógica do componente que é suscetível a erros externos e condições anormais. Deve também dar prioridade às causas de falha esperadas ou possíveis e conceber acções preventivas para eliminar completamente as causas possíveis ou reduzir o impacto no desempenho do sistema.

Capítulo 5 - Ensaio de sistemas críticos de segurança

Os testes de sistemas críticos de segurança diferem dos testes convencionais na medida em que testam a fiabilidade e a funcionalidade do software ao mesmo nível. Por esta razão, o software de teste e o próprio software são desenvolvidos e validados utilizando o mesmo processo de garantia de qualidade. Para o desenvolvimento bem sucedido de sistemas críticos de segurança, a tecnologia de teste de software desempenha um papel crucial, uma vez que as escolhas incorrectas da tecnologia de teste, os testes tardios ou inadequados ou os esforços subestimados conduzem sempre os projectos de sistemas críticos de segurança à crise e à frustração. De acordo com Betta (et al. 2008, p.1118), o teste de fiabilidade do software é um processo de análise de uma aplicação de software para detetar diferenças entre as condições existentes e as exigidas e para avaliar as caraterísticas da aplicação.

5.1 - Ensaios de caixa negra

Nos sistemas críticos, este método é utilizado como uma forma pura de teste, em que a estrutura interna do software crítico não é tida em conta. O objetivo é apenas verificar se o software cumpre os requisitos definidos na especificação. No desenvolvimento de software crítico, este método de teste é utilizado em níveis mais elevados de integração, uma vez que os componentes principais não são óbvios. Happe, Li e Theilmann (2009, p.21) escrevem que esta técnica é muito eficaz em sistemas críticos de segurança porque descobre erros através da análise do comportamento externo do código-fonte, de modo que os erros de código, as deficiências de interface, etc. podem ser eliminados.

Nos sistemas críticos de segurança, as especificações desempenham um papel importante neste tipo de testes, uma vez que cada resultado gerado em resposta a uma entrada é comparado com as especificações. Não existe um mecanismo que garanta que as especificações estão completamente corretas e abrangem todos os resultados esperados do sistema. As especificações são geralmente escritas em linguagem natural, o que pode levar à ambiguidade. Não é possível escrever claramente todos os casos possíveis de especificações, mesmo que se utilize uma linguagem formal. Devido à importância dos sistemas críticos de segurança, podemos dizer que esta técnica de teste não garante que as especificações definam claramente os casos de teste. Não existe um método que garanta que as especificações sejam claras e fáceis de compreender pelos projectistas, programadores e testadores de software crítico para a segurança, etc. Por vezes, os requisitos são difíceis de compreender, pelo que nem todas as situações podem ser adequadamente descritas utilizando palavras limitadas e os membros da equipa de desenvolvimento não podem descrever claramente o que esperam do sistema. Não é possível testar todas as entradas, pelo que não se pode dizer que todas as entradas são corretas e fiáveis. Não existe um método para garantir que todas as entradas são fiáveis e que se pode confiar nelas. Não existem diretrizes para escolher as entradas para o sistema, pelo que não podemos ter a certeza de que a entrada selecionada é a melhor para o sistema. A técnica de teste da caixa negra centra-se na maximização da eficiência do teste, minimizando os custos. Nesta situação, não é possível examinar todo o espaço de entrada, apenas um subconjunto do espaço de entrada é examinado. Como resultado, não temos forma de saber quanto código foi coberto. Esta técnica é útil para explorar partes não implementadas da especificação, mas não cobre o suficiente dos dados de entrada, o que pode levar a desastres em sistemas de segurança crítica. Na minha opinião, o testador de software e o programador não devem ser a mesma pessoa, porque o programador dá prioridade ao seu código para garantir que faz o que foi programado para fazer. Ele pode não verificar se o código está corretamente programado para cumprir os requisitos funcionais.

5.2 - Testes de caixa branca

Nos testes de sistemas críticos, esta técnica centra-se na estrutura interna do software em teste, que é conhecida pelo testador. No seu artigo online, Janardhandu (2005, p.1) afirma que esta técnica de teste tem acesso ao código do bloco de aplicações críticas de segurança e que são criados casos de teste que podem conduzir a potenciais falhas. Fischer & Kuchen (2007, p.74) afirmam que os testes de caixa branca têm como objetivo analisar o código de sistemas críticos para a segurança e que esses casos de teste são preparados para testes que garantem que a funcionalidade da classe se comporta de acordo com a especificação. Os dados de entrada para os casos de teste baseiam-se em especificações externas e internas, que são, de facto, documentos de conceção. Nos sistemas críticos de segurança, esta técnica de teste verifica a correção de condições, loops, caminhos de código e instruções de software, o que também é conhecido como cobertura lógica.

Quando utilizados em sistemas críticos para a segurança, os testes de caixa branca colocam alguns problemas logísticos devido à natureza exaustiva dos testes de código. O número de caminhos lógicos possíveis pode ser muito elevado, mesmo para programas pequenos. O testador deve ter conhecimentos profundos de programação de aplicações para testar cada parte da aplicação. Devido à complexidade da aplicação, são necessários testadores altamente qualificados para desenvolver casos de teste adequados. Não há garantia de que o testador terá um conhecimento profundo da aplicação. Não existe nenhum método que garanta que o custo será mínimo no caso de testar sistemas muito grandes e complexos que exijam ferramentas de teste, uma plataforma, etc. Uma vez que os guiões de teste estão intimamente ligados ao código-fonte da aplicação subjacente, isto resultará em quebras de guião sempre que for feita uma alteração ao código. Consequentemente, será necessário um elevado nível de manutenção dos guiões, o que conduzirá a um aumento dos custos. As ferramentas de teste de caixa branca podem não suportar múltiplas plataformas, o que pode ensombrar toda a aplicação de segurança crítica, uma vez que a plataforma necessária pode não estar disponível. Uma vez que os testes de caixa branca exigem um conhecimento intensivo de testes, o testador deve saber como analisar o código para detetar problemas de segurança.

Devem ser capazes de compreender as ferramentas e técnicas existentes para o ensaio de software crítico para a segurança. Os testes de segurança asseguram a validação da funcionalidade concebida e provam que o mecanismo de defesa funciona de acordo com as especificações da conceção. Tudo isto requer conhecimentos especializados e uma vasta experiência, o que significa que é extremamente difícil recrutar testadores com as qualidades necessárias para efetuar todas estas tarefas, especialmente para sistemas críticos de segurança. O teste de caixa branca exige o desenvolvimento de software e de ferramentas de apoio ao teste, que dependem do contexto do teste de software e da técnica de teste utilizada. Os testes de caixa branca são morosos, sobretudo quando utilizados em sistemas críticos para a segurança, devido à sua complexidade. A conceção pormenorizada e a análise do código-fonte são demoradas, mas fazem parte integrante dos testes de caixa branca. As técnicas e ferramentas de compreensão do programa podem analisar e localizar rapidamente os erros de implementação que exigem uma análise mais aprofundada. Estas ferramentas e técnicas não podem fazer nada a este respeito. Consequentemente, este método de teste não é adequado para sistemas de missão crítica devido ao custo dos testes, à dificuldade de recrutar testadores experientes, ao desenvolvimento de uma plataforma e de ferramentas especiais, às despesas adicionais associadas à manutenção quando os guiões são interrompidos e ao tempo perdido em sistemas complexos, como os sistemas de segurança crítica.

5.3 - Teste da caixa cinzenta

Num artigo em linha, Yogindernath (2009, p.1) escreve que o teste da caixa cinzenta é uma técnica de teste que se refere aos elementos internos do sistema com conhecimentos limitados. Esta técnica de teste não utiliza nenhuma plataforma ou linguagem específica. Como resultado, suas capacidades de teste são aprimoradas ao incluir a verificação da cobertura e da sincronização de caminhos nos casos piores e melhores. Gray Box Testing (2009, p.1) descreve esta técnica de teste como o acesso a estruturas de dados internas e algoritmos para a conceção de casos de teste, mas o teste é efectuado ao nível da caixa negra. A Wikipedia (2009, p.11) revela que esta técnica de teste combina as propriedades dos testes de caixa branca e de caixa preta, pelo que as entradas e as saídas estão claramente fora da caixa preta. Podemos dizer que esta técnica avalia a conceção de aplicações críticas para a segurança com base na interoperabilidade dos componentes do sistema. Tem os pontos fortes das técnicas de teste da caixa preta e da caixa branca e requer acesso à arquitetura da aplicação crítica de segurança, às especificações funcionais e à definição da interface.

Como esta técnica não permite o acesso ao código-fonte e aos binários, os caminhos do código não podem ser totalmente percorridos devido a testes derivados da utilização de informações. A cobertura de caminhos depende efetivamente das competências do testador. Não garante que as especificações estejam corretas. As entradas de teste podem não estar corretas e podem não descobrir certos tipos de erros, como erros de condições de fronteira e erros de fluxo de dados a nível da fonte. Além disso, não garante que os riscos de qualidade a nível macro associados à compatibilidade, ao ambiente de funcionamento e aos erros relacionados com o tempo sejam abordados.

5.4 - Conclusão

O teste de software desempenha um papel importante nos sistemas críticos de segurança, mas é uma solução incompleta para criar um sistema fiável. Nos sistemas críticos de segurança, o teste não garante a verificação do software. Em geral, o teste tem como objetivo mostrar que o sistema tem um erro e pode produzir formas de reparar e encontrar falhas. Mas os testes, por si só, não podem garantir que as operações do sistema estão isentas de falhas. Por conseguinte, o teste de software deve ser efectuado em paralelo com outras práticas adequadas na definição dos requisitos do sistema, no desenvolvimento de software e na engenharia de sistemas. Estas práticas incluem a utilização de ferramentas de desenvolvimento automatizado, análise de conceção, revisão por pares, inspeção e código fonte estático. Além disso, o teste de software pode começar depois de o código ter sido escrito, o que pode ocorrer a meio do projeto ou mais tarde no seu desenvolvimento. À medida que o projeto de um sistema crítico para a segurança avança, o custo da correção de erros aumenta significativamente devido à adição de produtos. Assim, o custo da correção de erros na fase de código será mais elevado do que o custo da correção de erros na fase de requisitos. Por conseguinte, para além dos testes, podem ser utilizados outros métodos de verificação do software, como a análise, a demonstração, a inspeção, etc., para garantir a deteção de erros nas fases iniciais da conceção de sistemas críticos para a segurança. O programa de testes só pode ser tão eficaz quanto os requisitos em que se baseia. Como sabemos, cada vez mais requisitos produzem cada vez mais erros no desenvolvimento de sistemas. Estes requisitos incluem requisitos variáveis, requisitos não funcionais, requisitos que se arrastam, requisitos mal descritos, etc. A maioria dos erros deve-se a requisitos mal escritos, pouco claros, incorrectos, ambíguos, etc. e à ausência total de requisitos necessários. Pode, portanto, dizer-se que a maior parte dos problemas que ocorrem no software se devem a requisitos defeituosos e insuficientes. Por outro lado, o esforço, o tempo e o custo dos testes de software também desempenham um papel importante nos testes críticos de software. Um software pequeno e simples pode ser testado exaustivamente. Como sabemos, os sistemas críticos de segurança são muito complexos e grandes e funcionam num ambiente de dependência mútua, pelo que nunca é possível efetuar testes exaustivos. Nesta situação, os gestores de programas podem especificar os seus objectivos de teste e utilizar eficazmente os seus procedimentos de teste para que os testes mais importantes sejam realizados. A criação de um objetivo de cobertura de testes adequado, que pode ser descrito como dados de entrada, instruções, percursos de programas testados e uma percentagem de requisitos, exigiria conhecimentos especializados em análise de riscos. O teste estará completo se garantir que 100% da exposição funcional do sistema foi alcançada com sucesso. Este objetivo exige que os dados de entrada sejam cuidadosamente escolhidos, o que aumentaria a competência dos testes, melhorando a eficiência da deteção de erros e reduzindo o número de casos de teste necessários para atingir o objetivo de cobertura do teste. Neste caso, os testes podem ser divididos de modo a que o mesmo código possa ser aplicado utilizando um caso de teste representativo de todos os casos de teste. Desta forma, o número de casos de teste será limitado para cada comportamento de classe de falha. No processo de desenvolvimento de sistemas críticos para a segurança, a inspeção do software pode ser utilizada para que a distribuição das falhas descobertas possa ser aplicada para forçar a distribuição dos dados de teste. Se um número considerável de alterações de software tiver sido formulado, o acoplamento pode ser aplicado a casos de teste alvo. Os casos de teste podem ser utilizados em áreas com um número invulgarmente elevado de falhas. Em geral, não é possível obter uma cobertura de teste completa dos sistemas críticos de segurança e os gestores de projeto têm de decidir quando parar os testes. Na prática, esta decisão depende do orçamento, dos prazos e da conclusão de um número aleatório de testes. Na minha opinião, esta decisão pode ser tomada se o sistema atingir um nível satisfatório de fiabilidade, que deve ser calculado em termos de tempo entre falhas. O pressuposto de base da engenharia de fiabilidade do software é que podem ser utilizados modelos matemáticos para prever o número de falhas que devem ser descobertas e eliminadas. Este número de falhas pode ser variável ou constante, dependendo da implementação dos modelos. Se o ambiente operacional for replicado pelo ambiente de teste, as taxas de falhas controladas assemelhar-se-ão sempre à taxa de falhas operacionais. Por conseguinte, o modelo prevê a futura taxa de falhas à medida que o programa de testes avança. Desta forma, podemos ter uma ideia da fiabilidade futura do software crítico para a segurança. Deve ser dada especial atenção aos sistemas críticos de segurança, a fim de tirar partido da engenharia da fiabilidade. Para os sistemas críticos de segurança, os testes começam no início do projeto e continuam durante todo o processo de desenvolvimento do sistema. Quando os requisitos são definidos, é efectuado um ciclo inicial de análise de risco funcional para identificar os principais riscos, de modo a que possa ser desenvolvida uma estratégia de mitigação eficaz. Consequentemente, são efectuadas duas outras análises da fiabilidade do sistema para avaliar o impacto da fiabilidade dos componentes de software nos seus estados normal e de falha. Por este motivo, devem ser efectuados testes gerais aos componentes de software críticos para a segurança, à documentação e à verificação. Mas o problema é que os testes gerais também identificam a existência de defeitos e não garantem a ausência de defeitos. Para a engenharia da fiabilidade do software em sistemas críticos para a segurança, é necessária mais investigação sobre métodos baseados em técnicas matemáticas para confirmar a correção das especificações, a verificação das combinações de testes, geradores automáticos de código utilizados no desenvolvimento de software. O objetivo deve ser a redução do tempo de desenvolvimento e a criação de software fiável. Os criadores de software enfrentarão desafios ainda maiores para garantir a fiabilidade do software, à medida que forem sendo acrescentadas mais e mais funcionalidades de software nos próximos anos. Consequentemente, os esforços de teste devem envolver métodos analíticos melhorados para satisfazer requisitos mais elevados sem alterar os orçamentos e os calendários. Para satisfazer todos estes requisitos dos sistemas críticos de segurança, é necessário rever as práticas e normas de desenvolvimento de software, a análise de dados e o planeamento dos testes de software. Isto deve não só garantir que o sistema não contém erros, mas também ajudar os gestores de programas a garantir que a missão é bem sucedida, dentro do prazo e do orçamento.

Capítulo 6 - Conclusão

Para obter um sistema de software fiável, é necessário criar um sistema de tolerância a falhas. Sempre que ocorre uma ou mais falhas no sistema, a resposta deve consistir em várias etapas para lidar com a falha. Em primeiro lugar, a fase de contenção da falha deve ser iniciada para parar os efeitos da falha noutras áreas e evitar a contaminação de outras áreas. Para o efeito, podem ser implementados testes de aceitação de auto-verificação para conseguir a contenção de falhas. Além disso, a contenção de falhas pode ser conseguida através da aplicação de mecanismos de teste de consistência, tratamento de excepções, etc. Uma vez que é impossível prever o comportamento de um sistema defeituoso devido a falhas de software, as dependências entre componentes devem ser reduzidas ao mínimo. A questão de saber como é que estas dependências podem ser reduzidas continua sem resposta. O segundo passo é identificar que algo indesejável ocorreu no sistema. Nesta situação, a latência da falha, que é o tempo entre a ocorrência de uma falha e a deteção de uma falha, deve ser mínima. O sistema pode recuperar-se rapidamente se este tempo for baixo. Para os sistemas críticos de segurança, podem ser aplicadas duas técnicas denominadas "off-line" e "on-line" para lidar com esta situação. As técnicas "off-line" incluem programas de diagnóstico que podem ser configurados para detetar falhas, mas não fornecem qualquer mecanismo para lidar com essas falhas. Por conseguinte, podem ser consideradas como técnicas de deteção de falhas que têm apenas um objetivo: a deteção de falhas. Por outro lado, as técnicas em linha fornecem uma capacidade de deteção de falhas em tempo real que deve ser utilizada para tomar as medidas adequadas para evitar que as falhas se propaguem para outras áreas. Exemplos de técnicas em linha são a monitorização, os sistemas de redundância, etc. A terceira etapa só deve ser iniciada se a técnica de deteção de falhas não fornecer informações sobre a falha e as suas propriedades. Quando são detectadas condições prejudiciais no sistema, deve ser implementada atempadamente uma breve prevenção de falhas, iniciando uma atualização do software. A quarta fase pode ser designada por fase de reconfiguração, que tem lugar quando é detectada uma falha e é encontrada uma falha consistente. O sistema deve reconfigurar os seus componentes para que os que falharam possam ser substituídos. Pode reconfigurar-se para separar a falha dos outros componentes. A quinta fase pode ser designada por fase de recuperação, que envolve a aplicação de várias técnicas para eliminar os efeitos das falhas. Para o efeito, podem ser utilizadas diferentes técnicas. São elas as técnicas de mascaramento de falhas, de repetição e de reversão. As técnicas de mascaramento de falhas escondem os efeitos das falhas produzindo informações corretas para compensar as informações incorrectas. Como vimos no Capítulo 1, a programação em N-versões é um exemplo disso. Além disso, a técnica de repetição aplica outro bloco de teste a qualquer operação. Baseia-se no pressuposto de que a maioria das falhas são breves por natureza. Neste caso, a abordagem do bloco de recuperação pode ser utilizada para eliminar as falhas de conceção do software. A reversão reinicia uma operação guardada numa fase do seu processamento anterior à deteção do erro. Neste caso, a latência do erro é muito importante porque a reversão regressa sempre ao ponto em que a operação foi interrompida. Por conseguinte, devem ser evitados os efeitos de erros não detectados que tenham ocorrido antes da deteção do erro. A fase seguinte é o reinício, que começa quando a informação é recuperada sem danos. O sistema pode retomar todas as operações a partir do ponto de deteção do erro, ou apenas algumas operações, ou o sistema pode ser reiniciado completamente, dependendo da configuração do sistema. A fase seguinte deve ser designada por fase de reparação, durante a qual um componente avariado é restaurado. A reparação pode ser efectuada offline. Também pode ser efectuada em linha. A grande vantagem da reparação offline é o facto de o sistema continuar a funcionar e de o componente avariado poder ser removido se for conseguido o isolamento adequado. Por outro lado, o sistema tem de ser retirado de serviço para uma reparação completa. Neste caso, a fiabilidade e a segurança do sistema dependem da rapidez com que a falha pode ser localizada e eliminada. Para uma reparação em linha, o componente pode ser eliminado instantaneamente utilizando uma peça sobresselente. Caso contrário, as operações continuariam na ausência do componente defeituoso. Esta técnica tem a vantagem de não perturbar o funcionamento do sistema. No entanto, não existem informações pormenorizadas sobre a forma como as reparações em linha podem ser efectuadas. A fase final é a reintegração, em que os módulos reparados são combinados com o sistema.

Nos sistemas críticos de segurança, os modelos de fiabilidade do software são utilizados para avaliar o resultado final do processo de desenvolvimento do software, que é uma combinação de três factores integrais: as pessoas, o projeto e o ambiente. Os programadores, os criadores, os designers, os testadores, a equipa de desenvolvimento de projetos de software crítico, etc. representam as pessoas . A dimensão, a complexidade, as funções, os requisitos, as interfaces, etc. representam o projeto. As ferramentas de software, os métodos, etc. representam o ambiente. A maioria dos projectos falha devido a defeitos gerados por uma definição ambígua dos requisitos e da fase de conceção. No desenvolvimento de sistemas críticos de segurança, deve dedicar-se mais tempo e pessoal à melhoria da compreensão, descrição e comunicação de requisitos específicos e preocupações de conceção aos programadores, a fim de desenvolver software crítico de segurança fiável. Além disso, os erros de software e o stress da programação podem ser ultrapassados através da utilização de ferramentas automatizadas de desenvolvimento de software, de uma melhor formação do pessoal de desenvolvimento e de uma gestão atempada dos recursos. Como vimos no Capítulo 3, os modelos de fiabilidade do software baseiam-se em dados deficientes e medições insuficientes. Além disso, baseiam-se em pressupostos irrealistas, incompletos e inválidos que são impossíveis de provar no caso de software verdadeiramente crítico para a segurança. Para além disso, não utilizam ferramentas automatizadas à escala que deveriam. Por conseguinte, podemos dizer que estes modelos fornecem resultados bastante precisos de que necessitamos e que não é sensato esperar por esses resultados que poderiam ser aplicados a outros projectos de desenvolvimento de software crítico para a segurança no futuro. Na minha opinião, há uma necessidade urgente de melhorar os modelos de fiabilidade para que possam ser reutilizados noutros projectos de desenvolvimento de software críticos para a segurança. Para tal, as questões de modelação discutidas no Capítulo 3 têm de ser cuidadosamente consideradas. Após esta discussão, considero que os modelos de fiabilidade podem ser melhorados se não esperarmos resultados irrealistas. Além disso, os criadores de software têm de trabalhar mais de perto e em paralelo com os modeladores de fiabilidade do software. Devem ser criados incentivos realistas e testáveis para a adaptação de novos modelos. Cada organização deve avaliar os seus pontos fracos e fortes no que respeita à programação e ao processo de desenvolvimento crítico para a segurança. A tónica deve ser colocada na prevenção de erros e não na sua correção. Isto não só melhoraria o desempenho do software crítico para a segurança, como também minimizaria os custos. Do mesmo modo, nas fases iniciais do desenvolvimento de software crítico para a segurança, pode ser aplicada uma estratégia de prova informal para detetar defeitos numa fase precoce, resultando numa maior fiabilidade e qualidade e numa redução dos custos. Utilizando ferramentas automatizadas adequadas, deve ser efectuada uma análise estrutural para explorar as caraterísticas vitais do software crítico, a fim de obter resultados sobre o fluxo de controlo, o fluxo de dados e a semântica do programa. Os resultados destas ferramentas são sempre sob a forma de pseudo-códigos, algoritmos, fórmulas ou imagens de estruturas gráficas que podem ser examinadas em relação aos requisitos críticos do software. Consequentemente, estes testes não só fornecem informações sobre a cobertura do código, como também ajudam a decidir sobre os procedimentos de teste da caixa negra ou da caixa branca. Este procedimento pode ser descrito mais exatamente da seguinte forma.

Propõe-se um procedimento para fazer avançar as técnicas existentes de modelização da fiabilidade do software. Para tal, é imperativo desenvolver software que facilite, aumente e faça avançar os modos de funcionamento dos modelos de fiabilidade. O procedimento proposto pode ser utilizado como uma estratégia para melhorar a eficácia dos modelos de fiabilidade. Em primeiro lugar, como vimos no capítulo 3, são feitas muitas suposições sobre os modelos de fiabilidade, porque se baseiam na matemática, e estas suposições têm de ser contornadas para ver o verdadeiro sucesso de qualquer modelo de fiabilidade. Na presença de pressupostos pesados, não é possível antecipar a utilidade de um modelo de fiabilidade. Em particular, estes pressupostos devem ser evitados nos sistemas críticos de segurança. Os projectistas de sistemas críticos de segurança devem assegurar que os dados são testados e confirmados antes de serem incorporados nos modelos de fiabilidade. Os novos parâmetros devem ser aproximados com base em muitos intervalos de tempo de execução entre falhas para qualquer modelo de fiabilidade. Além disso, deve existir um procedimento adequado para identificar todos os factores que podem levar à falta de fiabilidade na conceção de software crítico e esses factores ocultos devem ser erradicados, o que exige excelentes técnicas de deteção de erros, mecanismos eficazes de deteção de falhas, métodos e procedimentos precisos de correção de erros para obter um código de erro zero, medições precisas e testes exaustivos. No desenvolvimento de sistemas de missão crítica, as medições de fiabilidade podem ser úteis para prever a fiabilidade do software de missão crítica e podem destacar problemas potenciais que podem levar à falta de fiabilidade em cada fase do ciclo de vida do desenvolvimento de software de missão crítica. O projetista de software crítico pode utilizar qualquer procedimento para garantir a fiabilidade do software. Estes procedimentos devem apoiar não só o próprio software, mas também o seu ciclo de desenvolvimento, que inclui igualmente os perfis operacionais, o que é imperativo devido ao reconhecimento generalizado dos benefícios obtidos após a sua aplicação na modelação de software crítico. Além disso, a fiabilidade do software pode ser medida pelo conhecimento do programador, uma vez que o perfil operacional assumido nas fases iniciais do desenvolvimento de sistemas críticos muda sempre radicalmente em relação ao esperado na fase de desenvolvimento de software crítico que incorpora a fase de teste e o ambiente operacional real. Estas orientações podem resolver os problemas associados às técnicas existentes de fiabilidade do software na modelização de sistemas críticos de segurança.

Nos sistemas críticos para a segurança, os testes de software devem detetar falhas reais a todos os níveis relevantes, ou seja, a nível de unidade, a nível de componente, a nível de código, a nível de projetista, a nível de incorporação e a nível de sistema. Devem ser escritos casos de teste complementares para cobrir os diferentes aspectos do software a testar. Por conseguinte, devem ser escritos casos de teste eficazes que prometam abranger a maioria dos aspectos, uma vez que não é viável testar todas as caraterísticas dos sistemas críticos de segurança. Os testes de sistemas críticos para a segurança podem ser melhorados se nos concentrarmos em técnicas de modelização que prometam código abstrato e gerem automaticamente casos de teste com base nesse código. Neste cenário, pode ser utilizada a técnica de modelação unificada (UML). Para além disso, podem também ser utilizadas técnicas de diagrama de estados e de transição de estados. Em seguida, podem ser criados de forma automática e eficiente conjuntos de testes absolutos para um conjunto de códigos, concentrando-se nas entradas de interesse. As técnicas de teste relacionadas com o código têm de ser direcionadas, o que está ligado ao paradigma e à linguagem que representam as ferramentas de análise estática e ao seu potencial para a descoberta de falhas. Estas técnicas devem basear-se em testes estruturais do fluxo de dados e testes do fluxo de controlo, para que possam ser identificados tipos específicos de falhas. As técnicas heurísticas são as mais utilizadas e baseiam-se no conhecimento do sistema de software. Estas técnicas são difíceis de automatizar e poucas orientações são dadas sobre a forma de as utilizar mais eficazmente e de detetar falhas e erros de forma eficiente. Por conseguinte, a tónica deve ser colocada no modo como as técnicas heurísticas podem ser automatizadas para proporcionar formas mais eficazes de deteção de falhas e erros. Nos testes funcionais de sistemas críticos para a segurança, o programador e o testador precisam de ter acesso aos requisitos críticos do software que descrevem o comportamento do código a testar. Para criar especificações de teste perfeitas, o programador ou o testador precisam de definir os valores e as condições de entrada relevantes, em conjunto com as saídas ou resultados previstos , de modo a poderem criar especificações de teste adequadas que gerem informações úteis para um ou mais casos de teste, a fim de implementarem plenamente os requisitos específicos. Como vimos no Capítulo 5, os testes de caixa branca ajudam a corroborar a totalidade dos testes de caixa preta, ajudando a determinar a sua exatidão. Podemos dizer que os testes da caixa negra e da caixa branca devem ser utilizados como uma verificação cruzada para avaliar a sua eficácia na deteção de defeitos, a fim de aumentar a fiabilidade do software crítico para a segurança. Nos sistemas críticos de segurança, a rastreabilidade dos requisitos deve ser mantida e dedicada aos programadores e aos testadores, que devem atuar na perspetiva das ferramentas e dos processos utilizados no desenvolvimento de software crítico de segurança. Os casos de teste utilizados no sistema devem garantir que todas as ocorrências de entrada aconteçam numa sequência definida, em que toda a lógica deve ser verdadeira e todos os argumentos de dados devem ter valores de amostra válidos. Os casos de teste podem ser utilizados para avaliar operações anormais em software de missão crítica, onde devem descrever se um evento de entrada não ocorre ou se alguma lógica pode ser falsa ou alguns parâmetros de dados podem ter um valor de amostra inaceitável. Além disso, podem ser investigadas as diferenças entre as medidas de variação, uma vez que algumas medidas podem ser independentes e outras correlacionadas. A relação entre as várias medidas de cobertura de código e a capacidade de deteção de falhas deve ser examinada, a fim de eliminar medidas redundantes e combinar apenas as medidas corretas. Os novos resultados sobre o efeito da cobertura do código e de outras medidas na deteção de falhas podem ser aplicados à seleção direta e à avaliação de casos de teste em vários perfis de teste. Além disso, os perfis operacionais devem ser utilizados nos testes de software crítico, porque garantem que as operações amplamente utilizadas foram submetidas aos testes mais rigorosos, minimizando assim o número de erros e falhas. Nos sistemas críticos de segurança, estes perfis detectam não só as falhas que ocorreram devido a alterações nas especificações críticas do sistema, mas também as que podem ter efeitos graves na fiabilidade do sistema. Além disso, a técnica de injeção de falhas é uma das melhores opções para testar software crítico, inserindo falhas no código, executando depois o teste e verificando os resultados. Além disso, os requisitos de limite e de desempenho devem ser testados nos limites normais e para além dos limites para ver como o software crítico se comporta para além dos limites operacionais assumidos. Durante os testes, a maior parte do esforço deve ser dedicada aos requisitos de software que foram declarados como elementos críticos para a segurança . Para desenvolver um sistema fiável e crítico para a segurança, o processo de desenvolvimento tem de avançar em três fases. Em primeiro lugar, devem ser definidos os objectos de fiabilidade para o software a desenvolver. Em segundo lugar, devem ser tomadas medidas adequadas para obter esses objectos. Finalmente, deve ser utilizado um método de verificação para medir o processo de desenvolvimento. Ao desenvolver um sistema crítico para a segurança, devem ser seguidos os seguintes passos para desenvolver software crítico para a segurança fiável.

6.1 A especificação dos requisitos deve ser corretamente definida

Ao desenvolver um sistema crítico de segurança, a fase mais importante é identificar os requisitos funcionais e não funcionais do sistema. Como sabemos, a maioria dos projectos falha devido a requisitos inadequados. Estes requisitos nunca são corretamente tratados. Por exemplo, os requisitos de ensaio podem ser ignorados nas especificações dos requisitos. O processo de definição dos requisitos deve resultar em requisitos que possam ser facilmente comunicados ao projetista do sistema crítico, ao testador do sistema crítico, ao operador do sistema crítico e ao pessoal envolvido na manutenção do sistema crítico. No âmbito do desenvolvimento de um sistema crítico, os requisitos de alto nível são expressos sob a forma de declarações textuais. São classificados através de atributos-chave distintivos. Sempre que um requisito de sistema é atribuído a um software crítico, o programador não o declara por escrito, a fim de reduzir o trabalho e as incoerências. Por outro lado, os requisitos críticos de software obtidos a partir da conceção arquitetónica do sistema devem ser descritos em pormenor. Devem ser utilizados termos objectivos para descrever os requisitos críticos de software de alto nível e os conceptores de sistemas não devem declarar as restrições de conceção como requisitos, pois podem reduzir o desenvolvimento ótimo da conceção.

6.2 Recolha de dados sobre a fiabilidade do software

No caso dos sistemas críticos para a segurança, é necessário recolher dados de fiabilidade para estabelecer um processo de desenvolvimento de software crítico. É muito fácil recolher esses dados, mas é extremamente difícil recolher dados coerentes e significativos. Além disso, devem ser obtidos resultados consistentes para a fiabilidade do software em vários projectos de sistemas de missão crítica, a fim de evitar armadilhas no desenvolvimento de sistemas futuros. Além disso, as organizações devem disponibilizar dados sobre as falhas dos sistemas, para que se possam evitar falhas futuras. Além disso, a Microsoft, a Cisco, a IBM, a NASA, etc., e o meio académico devem pesquisar mutuamente os dados de falhas em para criar procedimentos de análise fiáveis. Estes esforços mútuos devem descrever o tipo de dados a recolher em termos de confidencialidade do domínio, acessibilidade, utilidade, etc. Que tipos de ferramentas e termos devem ser utilizados para esta recolha de dados. Como é que as técnicas actuais podem ser utilizadas para interpretar e analisar estes dados. Tudo isto exige que os modelos tradicionais de fiabilidade sejam melhorados para incluir a unidade de teste, a eficiência da medição, a cobertura do código e as medições baseadas no tempo de teste. A ênfase deve ser colocada na deteção de falhas, que está relacionada tanto com o período de tempo em que o software crítico é testado como com a parte do código que está a ser testada. Os modelos tradicionais de crescimento da fiabilidade do software podem ser úteis para estimar o efeito da duração dos testes na fiabilidade. Mas poderiam ser desenvolvidos novos modelos de fiabilidade para descrever o efeito da cobertura do código na fiabilidade. O estabelecimento de novos modelos de fiabilidade em segurança crítica que combinem as dimensões do tempo e da cobertura para um software de segurança crítica fiável será uma tendência promissora.

6.3 A diversidade deve ser utilizada nas especificações dos requisitos

Nos sistemas críticos de segurança, a maioria dos erros de software pode ser atribuída a especificações de requisitos incorrectas, o que exige a utilização de várias especificações de requisitos. Isto pode começar em qualquer fase da especificação e pode ser descrito em diferentes formalismos. Nesta situação, é importante garantir que o mesmo erro de especificação não ocorra noutras versões. Versões diferentes têm capacidades diferentes. Consequentemente, um problema idêntico, se for enunciado de forma improvável, colocará uma dificuldade diferente ao projetista, ao programador, ao testador, etc., que pode ser facilmente corrigida e compreendida.

6.4 Devem ser utilizadas diferentes linguagens de programação

Nos sistemas críticos de segurança, as linguagens de programação têm um efeito considerável na fiabilidade do software. Como se sabe, um programa escrito numa linguagem de baixo nível, como a linguagem de montagem, é mais suscetível a erros. Se o mesmo programa for escrito numa linguagem de alto nível, o risco de erros será menor. Cada erro é de natureza diferente; por exemplo, um programa escrito em C pode transbordar a memória que lhe foi atribuída. Consequentemente, tais erros seriam impraticáveis em todas as linguagens que gerem firmemente a memória. Além disso, os erros de ponteiros em C++ nunca ocorreriam em FORTRAN, onde não são utilizados ponteiros. Além disso, as diferentes linguagens de programação teriam erros não correlacionados porque têm bibliotecas diferentes e compiladores diferentes. A taxa de erro de uma versão será menor se for escrita na mesma linguagem apropriada, mas todas as versões estarão sujeitas a erros correlacionados. Se todas estas versões forem escritas em línguas diferentes, as línguas de baixo nível terão mais erros. Se estes erros não produzirem muitos erros correlacionados, o número de erros no sistema de N versões será menor.

6.5 Devem ser utilizadas várias ferramentas de desenvolvimento e compiladores.

Podem ser utilizadas várias ferramentas de desenvolvimento e compiladores para desenvolver software crítico para a segurança. Consequentemente, o grau de correlação positiva entre os erros seria reduzido. A utilização de uma variedade de ferramentas e compiladores resulta em software crítico para a segurança fiável, porque as ferramentas de software e os compiladores podem ser defeituosos. Não é sensato confiar num único compilador ou ferramenta.

6.6 Precisamos de recorrer a uma série de competências cognitivas

Pessoas diferentes raciocinam sobre o mesmo problema de formas diferentes, consoante as suas capacidades naturais. Podem ser utilizadas equipas diferentes para raciocinar sobre o mesmo problema no desenvolvimento de um sistema fiável de segurança crítica. O resultado seria um software fiável com um número reduzido de erros correlacionados. Atualmente, não é utilizado nenhum processo deste tipo para garantir a diversidade cognitiva.

6.7 A conceção dos sistemas críticos de segurança deve ser simples

O risco de erros no funcionamento do sistema pode ser minimizado se a conceção for simples. Também será mais fácil para os projectistas realizarem testes. Se o número de funções de um sistema crítico para a segurança for drasticamente reduzido, as funções permanecerão sob controlo e será fácil efetuar alterações e verificações no futuro.

6.8 A secção crítica para a segurança deve ser separada da secção não crítica para a segurança. Esta divisão permite manter a simplicidade na parte crítica para a segurança do sistema. Como resultado, a parte crítica para a segurança destes sistemas pode ser corretamente testada e mantida. Esta divisão também reduz a análise de fiabilidade necessária, o que resultaria em testes extensivos e custos reduzidos.

6.9 Deve ser elaborado um conceito de funcionamento do sistema

Em primeiro lugar, é necessário definir o conceito das operações do sistema e as suas condições necessárias. O sistema irá proteger-se contra estes perigos, pelo que todos os perigos primários devem ser identificados. Todos os pressupostos e condições críticos serão necessários para identificar uma arquitetura adequada para um sistema crítico para a segurança. Além disso, cada perigo pode ser avaliado em termos de risco e oportunidade. Cada perigo descoberto deve ser atenuado através de métodos adequados. Além disso, as técnicas de análise da árvore de falhas devem ser utilizadas para a análise de conceção descendente, de modo a que as falhas funcionais possam ser identificadas. Se estas falhas não forem identificadas, conduzirão a riscos indesejáveis. Além disso, as técnicas de análise dos modos e efeitos de falha devem ser aplicadas para descobrir falhas de baixo para cima.

Referências

1 - Asad, C,A, Ullah, M,I & Rehman, M,J,-U 2004, 'An approach for Software Reliability Model Selection', Proceedings 2003 IEEE of the 28th Annual International Computer Software and Applications Conference(COMPSAC'04), Hong Kong, pp. 534-539. Obtido em 2 de outubro de 2009 na base de dados em linha da IEEE Computer Society.

2 - Betta, G, Capriglione, D, Pietrosanto, A, Sommella, P 2008, 'A Statistical Approach for Improving the Performance of a Testing Methodology for Measurement Software', IEEE Transaction on Instrumentation and Measurement, vol.57, pp. 1118-8

3 - Bharathi, V 2003 , 'N-Version Programming method of Software' Fault Tolerance : A Critical Review', National Conference on Nonlinear Systems & Dynamics(NCNSD-2003), I.I.T. Kharagpur. Kharagpur. pp.173-3.Acedido em 08 de outubro de 2009

4 - Bluvband, Z, Grabov, P, Nakar, O 2004, "Expanded FMEA", Simpósio Anual de Fiabilidade e Manutenibilidade, 2004.RAMS '04, LA, pp.31-5. Obtido em 2 de novembro de 2009 na base de dados IEEE Online.

5 - Buhr,P,A & Mok,Y,R 2002,' Advanced exception handling mechanisms', IEEE Transactions on Software Engineering, vol. 26, pp.820-36

6 - Decun D & Peng R 2009, "Decision Trees Based on Fault Trees Analysis", Fórum Internacional sobre Tecnologias da Informação e Aplicações, Xangai, China, pp.178-180. Obtido em 23 de outubro de 2009 na base de dados em linha da IEEE Computer Society.

7 - Dovich, RA, n.d., Perspective on Quality. Obtido em 01 de outubro de 2009, de www.fieldfastener.com/pdf/FMEA.pdf

8 - Ebrahimipour, V, Rezaie, K, Shokravi, S 2009, 'An ontology approach to support FMEA studies', Simpósio Anual de Fiabilidade e Manutenibilidade, 2009.RAMS '09, The Worthington, Fort Worth, TX,pp.407-4. Obtido em 1 de novembro de 2009, da

base de dados IEEE Online.

9 - Fischer, F, Kuchen, H 2007, "Systematic generation of glass-box test cases for functional logic programs", Actas do 9.º Simpósio ACM sobre Computação Aplicada, Wroclaw, pp.63-11. Acedido em 10 de novembro de 2009 na base de dados ACM Online.

10 - FMEA e FMECA 2009, consultado em 31 de outubro de 2009 em http://www.fmea-fmeca.com/what-is-fmea-fmeca.html

11 - FMEA e FMECA 2009, consultado em 31 de outubro de 2009 em http://www.fmea-fmeca.com/what-is-fmea-fmeca.html

12 - Gray Box Testing 2008, Acedido em 15 de novembro de 2009, de http : //testingmantra.com/Gray_Box_T esting.html

13 - Happe, J, Li, H, Theilmann, W 2009, 'Black Box Performance Models:Prediction based on Observation', Actas do 1.º workshop internacional sobre a qualidade dos sistemas de software orientados para os serviços, Amesterdão, Países Baixos, pp.19-5. Obtido em 12 de novembro de 2009 da base de dados ACM Online.

14 - Hecht, H 2008, "A Systems Engineering Approach to Exception Handling", Actas da Terceira Conferência Internacional sobre Sistemas (ICONS '08), Cancún, México, pp.13-5. Obtido em 10 de outubro de 2009, da base de dados em linha da IEEE Computer Society.

15 - Hecht, M, Buettner, D 2005. Descanso de software em programas espaciais. Recuperado de
18 de novembro de 2009, de
http://www.aero.org/publications/crosslink/fall2005/06.html

16 - Institute of Electrical and Electronics Engineers 1987, "IEEE Guide for General Principles of Reliability Analysis of Nuclear Power Generating Station Safety Systems, ANSI/IEEE Std 352-1987 . Obtido em 26 de outubro de 2009 na base de

dados IEEE Standards Online.

17 - Instituto de Engenheiros Eléctricos e Electrónicos 2008, Prática Recomendada do IEEE sobre Fiabilidade de Software, IEEE Std 1633™-2008. Obtido em 15 de setembro de 2009, da base de dados IEEE Standards Online.

18 - Janardhanudu, G, 2005, Whit Box Testing. Obtido em 10 de novembro de 2009 em https://buildsecurityin.us-cert.gov/daisy/bsi/articles/best-practices/white-box/259-BSI.html

19 - Jovanovic, D,S&Orlic, B,E& Broenink, J,F(eds.) 2005, 'On Issues of Constructing an Exception Handling Mechanism for CSP-Based Process-Oriented Concurrent Software', em Communicating Process Architectures , IOS Press, Amsterdam

20 - Kimm, H, Shin, S, Ham, H, Sung, CO 2009, "Failure management development for integrated automotive safety-critical software systems", Actas do Simpósio ACM 2009 sobre Computação Aplicada, Honolulu, Havai, pp.517-4. Acedido em 01 de novembro de 2009 na base de dados ACM Online.

21 - Koren, I & Krishna, C,M 2006, Software Fault Tolerance, Morgan Kaufmann Publishers, São Francisco.

22 - Krajcuskova, Z 2007, "Software Reliability Models", Actas da Radioelektronika, 17.ª Conferência Internacional, Brno, República Checa, pp.1-4,

23 - Krasich, M 2007, "Can Failure Modes and Effect Analysis Assure a Reliable Prodcut?", Simpósio Anual de Fiabilidade e Manutenibilidade, 2007.RAMS '07, Orlando, Florida, pp.271-4. Obtido em 2 de novembro de 2009 na base de dados IEEE Online.

24 - Lyu, M(ed.)1995, Software Fault Tolerance, John Wiley & Sons Ltd, Nova Iorque.

25 - Lyu, M(ed.)1996, Handbook of Software Reliability Engineering, IEEE

Computer Society Press

26 - Marijan, D, Teslic, N, Temerinac, M, Oekovic, V 2009, "On the Effectiveness of the System Validation Based on the Black Box Testing Methodol ogy", Testing and

Diagnóstico, 2009. ICTD 2009. Conferência Internacional de Circuitos e Sistemas do IEEE, Chengdu, China, pp.1-4. Obtido em 12 de novembro de 2009 na base de dados IEEE Online.

27 - Mraz, M, Huber, B 2005,FMEA-FMCA. Acedido em 4 de novembro de 2009 em http: //www.fmeainfocentre.com/updates/huber2005_FMEA.pdf

28 - NASA 2006. Guia de Segurança de Software (NASA GB-1740.13). Obtido em outubro
29, 2009 de www.fmeainfocentre.com/handbooks/nasasoftwareguidbook.doc

29 - NASA. 2005. Software Reliability (Fiabilidade do software). Acedido em 15 de outubro de 2009 no seguinte endereço
http://sw-assurance.gsfc.nasa.gov/disciplines/reliability/index.php

30 - Ortmeier, F & Schellhorn, G 2007, 'Formal Fault Tree Analysis-Practical Experiences', Electronic Notes in Theoretical Computer Science, vol.185, pp. 139-151

31 - Pant, D & Joshi, K,C 2007, ' Software Fault Tolerant Computing: Needs and Prospects', Ubiquity. Vol. 8, pp. 1-1.

32 - Pham, H 2006. System software reliability. Springer Publishers, Londres

33 - Romeu, J, 2000, 'A discussion of software reliability Modeling Problem', Journal of Reliability Analysis Center, First Quarter 2000,pp.2-3

34 - Sha, L 2001, 'Using simplicity to control complexity', IEEE Software, vol. 18, pp. 20-8.

35 - Stamatelatos, M 2002, Fault Tree Handbook with Aerospace Applications

(Manual de Árvore de Falhas com Aplicações Aeroespaciais). Obtido de
22 de outubro de 2009, de www.hq.nasa.gov/office/codeq/doctree/fthb.pdf

36   - System Reliability Toolkit 2005, Reliability Information Analysis Center, Utica,
NY

37 -*Torres*, W 2000, Software Fault Tolerance: A Tutorial. Acedido em 11 de
outubro,
2009, dc
http://ntrs.nasa.gov/archive/nasa/casi.ntrs.nasa.gov/20000120144_2000175863.pdf

38   - Tsai, W,T, Zhang, D, Chen, Y, Huang, H, Paul, R, Liao, N 2004, "A software
reliability model for web services", Actas da Conferência IASTED sobre Engenharia e
Aplicações de Software, Cambbridge, MA, pp. 100-120. Obtido em 19 de setembro de
2009 na base de dados em linha da IEEE Computer Society.

39   - Uzonov, K, Nguyen, T, 2008, Dependability of Software in Airborne Mission
Systems, Air Operation Division, Defence Science and Technology Organisation,
Edinburgh, South Australia, abril de 2008.

40   - WikipediA 2009, Acedido em 17 de novembro de 2009, de
http://en.wikipedia.org/wiki/Software_testing#Grey_Box_Testing

41   - Williams, L 2004, Testing Overview and Black-Box Testing Techniques.
Acedido em 12 de novembro de 2009, no seguinte endereço
http://agile.csc.ncsu.edu/SEMaterials/BlackBox.pdf

42 - Yogindernath 2009. Deixe-nos saber tudo sobre o Teste de Caixa Cinza.
Recuperado   em   11   de   novembro   de   2009   de
http://www.articlealley.com/article_963498_11.html

More
Books!

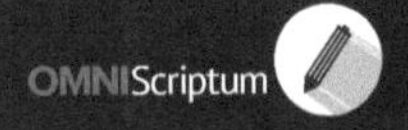

info@omniscriptum.com
www.omniscriptum.com
OMNIScriptum

Printed by Books on Demand GmbH, Norderstedt / Germany